国家级新区发展报告 2019

国家发展和改革委员会　编

中国计划出版社

图书在版编目（C I P）数据

国家级新区发展报告. 2019 / 国家发展和改革委员会编. -- 北京 : 中国计划出版社, 2019.8
ISBN 978-7-5182-1044-2

Ⅰ. ①国… Ⅱ. ①国… Ⅲ. ①经济开发区－区域经济发展－研究报告－中国－2019 Ⅳ. ①F127.9

中国版本图书馆CIP数据核字(2019)第148861号

国家级新区发展报告 2019
国家发展和改革委员会 编

中国计划出版社出版
网址：www.jhpress.com
地址：北京市西城区木樨地北里甲 11 号国宏大厦 C 座 3 层
邮政编码：100038 电话：（010） 63906433 （发行部）
新华书店经销
北京汇瑞嘉合文化发展有限公司印刷

787mm×1092mm 1/16 14.75 印张 260 千字
2019 年 8 月第 1 版 2019 年 8 月第 1 次印刷

ISBN 978-7-5182-1044-2
审图号：GS （2019） 3747 号
定价：80.00 元

序　言

国家级新区（以下简称新区）是以相关行政区、特殊功能区为基础，承担国家重大发展和改革开放战略任务的综合功能区。自20世纪90年代初上海浦东新区设立以来，经过近30年的建设发展，新区数量逐步增加、规模不断扩大，创造了新区速度，激发了新区活力，塑造了新区形象。2017年4月，中共中央、国务院印发通知，决定设立河北雄安新区。这是以习近平同志为核心的党中央作出的重大历史性战略选择，是千年大计，国家大事。中央要求，规划建设河北雄安新区，要坚持“世界眼光、国际标准、中国特色、高点定位”理念，建设标杆工程，创造“雄安质量”，努力打造成为贯彻新发展理念的创新发展示范区。至此，国家级新区数量达到19个，其中，东部地区8个，中部地区2个，西部地区6个，东北地区3个。

2018年是全面贯彻十九大精神的开局之年，是改革开放40周年，也是决胜全面建成小康社会的关键一年。一年来，各新区全面贯彻党的十九大作出的战略部署，坚持稳中求进的工作总基调，贯彻新发展理念，认真学习领会中央关于建设河北雄安新区的要求，对标对表，主动作为，真抓实干，切实推动经济发展迈向更高质量，取得了新的积极成效。2018年，18个新区（河北雄安新区暂不纳入数据统计）实现地区生产总值约4.25万亿元，约占全国经济总量的4.7%，对国内生产总值增长贡献约5.6%，探索形成了一批值得复制推广的体制机制创新做法，发挥了重要的示范带动作用。

2019年，各新区将以习近平新时代中国特色社会主义思想为指导，全面贯彻党的十九大和十九届二中、三中全会精神，统筹推进“五位一体”战略布局，协调推进“四个全面”战略布局，坚持和加强党的全面领导，坚持稳中求进工作总基调，坚持新发展理念，坚持推动高质量发展，坚持以供给侧结构性改革为主线，坚持深化市场化改革、扩大高水平开放，聚焦推动制造业高质量发展，大力培育新产业新业态新模式，加快建设具有新区特色的现代产业体系，努力建设实体经济发展新高地，在稳定当前经济运行、应对中美经贸摩擦中发挥压舱石作用，在深化改革、扩大开放方面发挥率先带头作用，在新时代高质量发展上发挥引领示范作用。

本报告由国家发展改革委地区经济司会同各新区管委会、中国国际工程咨询有限公司撰写。在报告编写过程中，得到了中国测绘科学研究院、有关省（自治区、直辖市）发展改革委和湖南湘江新区有关方面的大力支持，在此一并表示感谢。

编 者

2019年6月

目　录

1 新区概览篇　发展成绩与展望

推动制造业高质量发展　努力打造实体经济发展高地
——国家级新区2018年建设发展总体情况

2 新区巡礼篇 创新发展成效

国家级新区发展成效和2019年工作展望

3 特色亮点篇 典型经验展示

国家级新区优化营商环境经验和建设发展典型案例

4 大事辑要篇　重大事件回顾

2018年国家级新区建设发展大事记

5 附 录

1

新区概览篇
发展成绩与展望

推动制造业高质量发展
努力打造实体经济发展高地

——国家级新区2018年建设发展总体情况

2018年是全面贯彻党的十九大精神的开局之年，是改革开放40周年，也是决胜全面建成小康社会的关键一年。一年来，各新区坚持以习近平新时代中国特色社会主义思想为指导，全面贯彻党的十九大和十九届二中、三中全会精神，牢固树立“四个意识”，不断增强“四个自信”，坚决做到“两个维护”，按照党中央和国务院的决策部署，坚持稳中求进的工作总基调，坚持新发展理念，以供给侧结构性改革为主线，着力深化改革开放，扎实推动制造业高质量发展，着力打造实体经济发展高地，继续保持平稳较快发展势头，引领带动作用进一步彰显。

一、经济运行稳中有进，空间格局不断优化

2018年，各新区经济社会发展取得了明显成效和积极进展，通过进一步分析经济运行和空间格局等变化情况，及时了解各新区的建设和发展状况，可以发现新区经济实力不断增强，建成区面积不断扩张，已经具备了承载新的历史使命、实现制造业高质量发展的良好基础。

（一）经济运行分析

综合分析2018年各新区主要经济指标运行情况，可以发现新区经济增长继续保持较快发展速度，质量和效益稳步提升，发展基础不断夯实。

1. 从经济实力看，总体保持平稳发展

总体实力不断增强。2018年，18个新区（河北雄安新区暂不纳入本报告数据统计）地区生产总值约4.25万亿元，占全国经济比重约为4.7%；新区对国内生产总值增长贡献率约5.6%，较去年约提高1.5个百分点。其中，上海浦东、天津滨海、重庆

两江、大连金普、长春等新区对所在省（市）地区生产总值的贡献率超过10%。上海浦东新区经济总量超过万亿元，经济增速达到8%。

支撑引领作用彰显。2018年，上海浦东、天津滨海、重庆两江等新区经济总量占所在省（市）的比重超过10%，对经济的支撑引领作用持续增强。其中，上海浦东新区、天津滨海新区地区生产总值占比超过30%，重庆两江新区占比为14.4%。

表1-1 2018年国家级新区地区生产总值情况

新区名称	2018年GDP总量（亿元）	占所在省（市）比重（%）
上海浦东新区	10461.59	32.0
天津滨海新区	7193.45	38.2
重庆两江新区	2933.43	14.4
浙江舟山群岛新区	1316.70	2.3
兰州新区	205.00	2.5
广州南沙新区	1458.40	1.5
陕西西咸新区	381.94	1.6
贵州贵安新区	138.30	0.9
青岛西海岸新区	3517.07	4.6
大连金普新区	2437.90	9.6
四川天府新区	2714.10	6.7
湖南湘江新区	2300.22	6.3
南京江北新区	2528.00	2.7
福州新区	1838.08	5.1
云南滇中新区	623.40	3.5
哈尔滨新区	768.40	4.7
长春新区	966.00	6.4
江西赣江新区	733.90	3.3

示范带动作用提升。2018年，绝大多数新区地区生产总值增速继续领先所在省（市）的平均水平，发挥积极引领带动作用，提振了市场信心。其中，兰州新区、陕西西咸新区经济增速高出所在省平均水平5个百分点以上；四川天府、南京江北、福州、云南滇中、哈尔滨、江西赣江等新区经济增速比上年有所提高，陕西西咸新区、大连金普新区增速与上年持平。兰州、陕西西咸、云南滇中、贵州贵安、南京江北、福州、湖南湘江、四川天府等新区地区生产总值保持两位数增长，同比分别增长16%、13.3%、13.1%、12.9%、11.3%、10.6%、10.5%和10.1%。

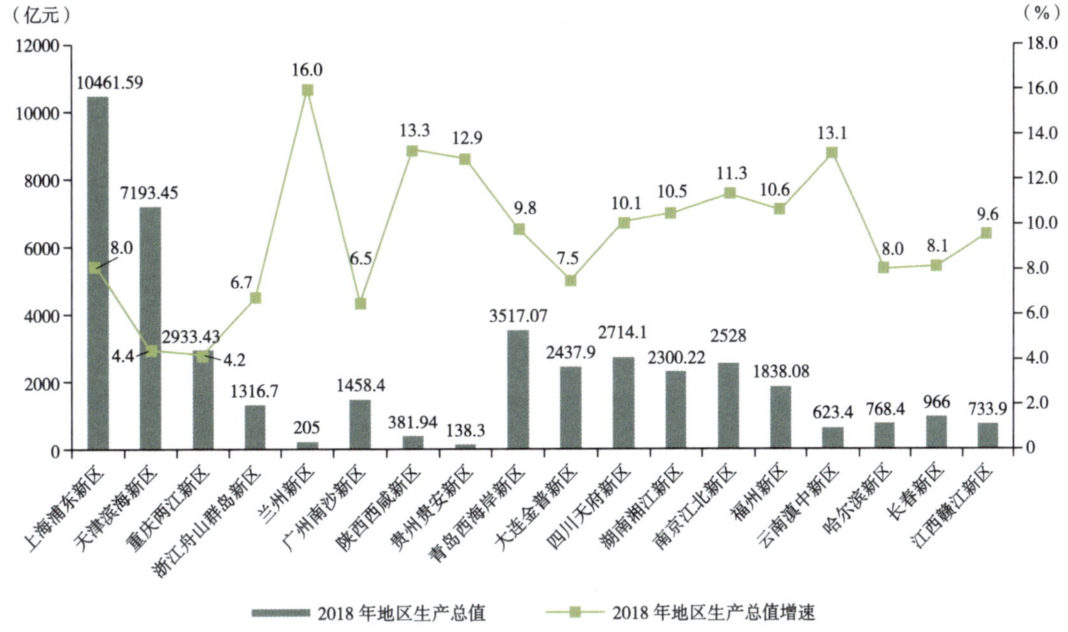

图1-1 2018年国家级新区地区生产总值和增速

经济发展梯次有序。2018年，上海浦东新区、天津滨海新区经济总量在7000亿元以上，坚持创新发展，引领作用凸显。重庆两江、青岛西海岸、大连金普、四川天府、湖南湘江、南京江北等新区经济总量在2000亿—3000亿元之间，加快动能转换，向高质量发展转型。浙江舟山群岛、广州南沙、福州新区、长春等新区经济总量在1000亿元左右，不断深化改革，加快发展步伐。甘肃兰州、贵州贵安、陕西西咸、云南滇中、哈尔滨、江西赣江等新区处于起步阶段，积极探索特色化发展路径。

2. 从产业发展看，新旧动能加速转化

工业规模稳步扩大。2018年，新区规模以上工业总产值超过5万亿元，同比约增长8.5%。其中，上海浦东新区和天津滨海新区规模以上工业总产值超过万亿元；重庆两江、青岛西海岸、大连金普、湖南湘江、南京江北等新区总产值在3000亿元以上；兰州、贵州贵安、陕西西咸、青岛西海岸、大连金普、湖南湘江、南京江北、云南滇中、长春、江西赣江等新区规模以上工业总产值增速达两位数。

增长势头积极向好。2018年，云南滇中、大连金普、贵州贵安、南京江北、湖南湘江等新区规模以上工业增加值增速达到两位数。其中，贵州贵安新区规模以上工业增加值增长44.1%、云南滇中新区规模以上工业增加值增长50.6%，明显高于全国和所在省的发展水平。

主业发展特色突出。2018年，上海浦东新区战略性新兴产业产值占工业总产值比重达到41.2%，生物医药、航空航天、新能源制造业分别实现17.5%、20.8%和7.8%的高速增长。天津滨海新区先进制造业、航空航天、新能源汽车等产业集聚发展，战略性新兴产业产值占规模以上工业总产值比重达到29.6%，新材料和生物医药产业分别增长11.7%和15.2%。重庆两江新区汽车、电子、装备、生物医药四大产业产值占规模以上工业总产值的比重近95%。湖南湘江新区智能制造产值规模达750亿元，先进储能材料、食品、人工智能和智能网联汽车产业链产值增速均超过20%。

3. 从投资消费看，需求质量稳步提升

投资依赖度有所降低。2018年，新区完成固定资产投资超过2万亿元，占全国固定资产投资总额的比重超过3.3%。其中，天津滨海、浙江舟山群岛、广州南沙、陕西西咸、青岛西海岸、大连金普、四川天府、湖南湘江、福州、哈尔滨等新区增速有所放缓。新区平均投资率（固定资产投资额/GDP）约同比减少2.3个百分点，在降低投资依赖度上取得积极成效。其中，浙江舟山群岛、陕西西咸、四川天府、福州、长春等新区下降幅度较大。上海浦东、天津滨海、大连金普等新区平均投资率在20%左右，长春新区平均投资率在35%左右。

消费拉动作用更加明显。2018年，新区社会消费品零售总额超过万亿元，同比约增长10.9%，高于全国平均水平1.9个百分点。其中，兰州、陕西西咸、青岛西海岸、湖南湘江、南京江北、福州、云南滇中、江西赣江等新区增速达到两位数。新区平均消费率（社会消费品零售总额/GDP）约为26%，比上年提高约2.8个百分点，呈持续上涨态势。其中，贵州贵安新区、浙江舟山群岛新区的消费率增长幅度超过100%，消费对新区经济的拉动作用日益增强。

4. 从外资外贸看，对外开放不断扩大

对外贸易持续发展。2018年，绝大多数新区进出口总额均保持正增长。其中，重庆两江、大连金普、四川天府等新区增速超过10%，云南滇中、湖南湘江、浙江舟山群岛、江西赣江等新区增速超过40%；上海浦东新区进出口总额过两万亿元，天津滨海新区和大连金普新区进出口总额均超过3000亿元。

利用外资稳中有升。2018年，新区实际利用外资接近2000亿元，是我国吸引外资的重要功能平台。其中，上海浦东、浙江舟山群岛、贵州贵安、陕西西咸、青岛西海岸、大连金普、湖南湘江、南京江北、哈尔滨、江西赣江等新区实际利用外资比上年均有所增加，贵州贵安新区、陕西西咸新区实现超过50%的大幅增长。

5. 从财政收入看，聚力增效作用明显

财政实力不断增强。2018年，新区一般公共预算收入约4000亿元，增长8.5%，超过全国平均水平2.3个百分点。其中，浙江舟山群岛、兰州、贵州贵安、陕西西咸、四川天府、湖南湘江、南京江北、云南滇中、哈尔滨、长春、江西赣江等新区增速继续维持在两位数。上海浦东新区一般公共预算收入突破千亿，天津滨海新区、湖南湘江新区和重庆两江新区均超过300亿元。

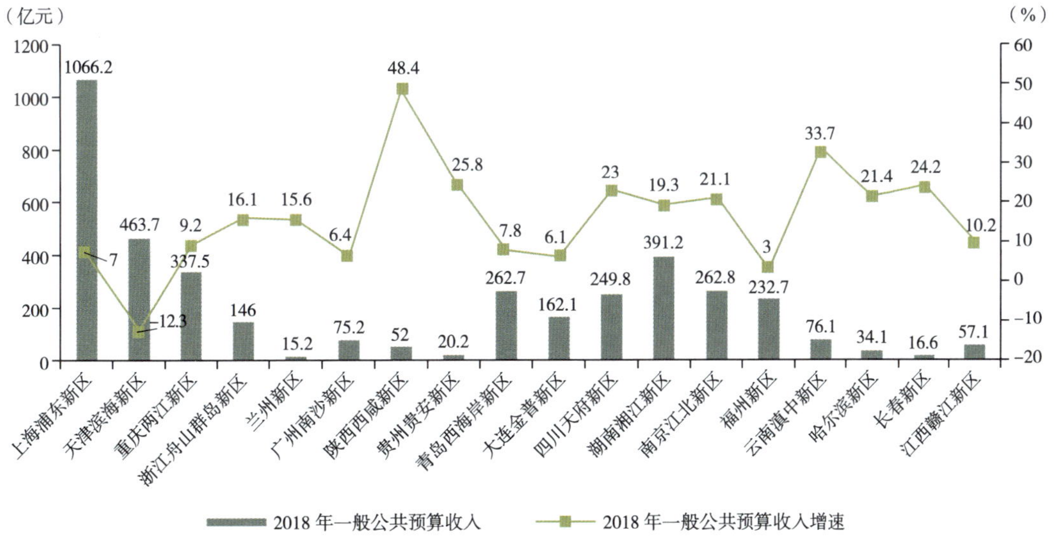

图1-2 2018年国家级新区一般公共预算收入和增速

财政质量明显提高。2018年，新区财政依存度（一般公共预算收入/地区生产总值）为9.2%。其中，上海浦东、重庆两江、浙江舟山群岛、贵州贵安、陕西西咸、湖南湘江、南京江北、福州、云南滇中等新区财政依存度高于10%，湖南湘江新区达到17%。

（二）空间格局变化分析

基于基础性地理国情监测成果对新区规划建设和土地利用情况的跟踪分析显示，2018年新区空间利用向积极方向演进，利用效率逐步提升。

1. 从建成区面积看，呈逐步扩张态势

上海浦东新区和天津滨海新区面积均超过400平方公里；四川天府新区、重庆两江新区和青岛西海岸新区建成区面积均超过200平方公里；浙江舟山群岛新区、兰州新区、贵州贵安新区、长春新区和江西赣江新区建成区面积均小于100平方公里。

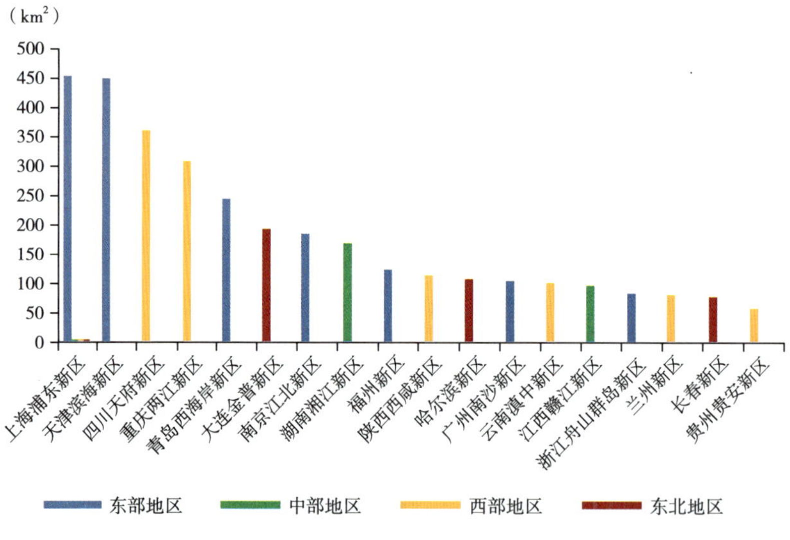

图1-3 2018年18个国家级新区建成区面积对比图

从建成区面积变化情况看，年平均增加面积为8.40平方公里，平均扩张强度为5.16%。其中，四川天府新区和福州新区扩张面积超过20平方公里；重庆两江新区和陕西西咸新区扩张面积在10平方公里到20平方公里；其余新区扩张面积在10平方公里以下。

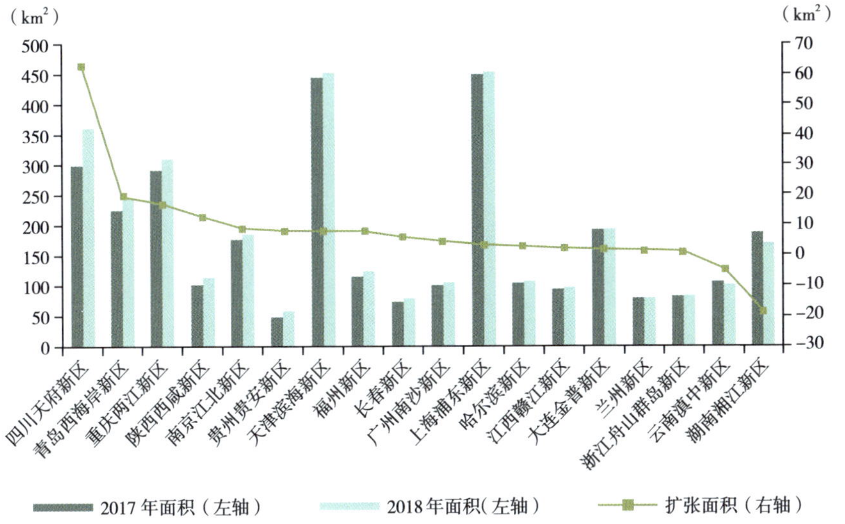

图1-4 18个国家级新区建成区面积变化情况对比图

2. 从建成区空间看，重心不断发生变化

(1)建成区空间形态

新区空间大体分为四类。一是放射型，建成区的主体部分有3个以上明确的发展方向，优点是对外交通便利，易于组织多向交通流向及发挥各种城市功能，并且利于改善城市环境，如上海浦东新区。二是带状型，建成区的优点是可以最大限度地利用自然条件和经济条件，如浙江舟山群岛新区和赣江新区。三是团块型，优点是布局紧凑，有利于生产部门间的协作管理，节省用地，通过发展基础设施建设经济，如兰州新区。四是组团型，优点是城市拥有更多的绿地和发展空间，产业区和生活区能妥善协调布局，并且比较容易处理城市近期和远期发展之间的关系，如青岛西海岸新区。

(2)空间中心指数

2017—2018年，18个国家级新区建成区都有不同程度的扩张，随着建成区的扩张，建成区的重心有所变化。兰州新区、大连金普新区和上海浦东新区的建成区重心都向东南方向移动；长春、福州、四川天府、江西赣江、重庆两江、天津滨海等新区的建成区重心都向东北方向移动；湖南湘江新区、浙江舟山群岛新区和哈尔滨新区的建成区重心向西北方向移动；青岛西海岸、南京江北、贵州贵安和广州南沙等新区的建成区重心向西南方向移动；云南滇中新区和陕西西咸新区的建成区重心向正南方向移动。

2017—2018年，陕西西咸新区的重心移动速率最快，重心移动速率为2370米/年；四川天府新区和湖南湘江新区的重心移动速率，重心移动速率均超过1000米/年；南京江北新区和福州新区的重心移动速率也较快，重心移动速率分别为900米/年和510.18米/年；兰州、上海浦东、广州南沙、大连金普和浙江舟山群岛等新区重心移动较慢，重心移动速率均在100米/年以下。

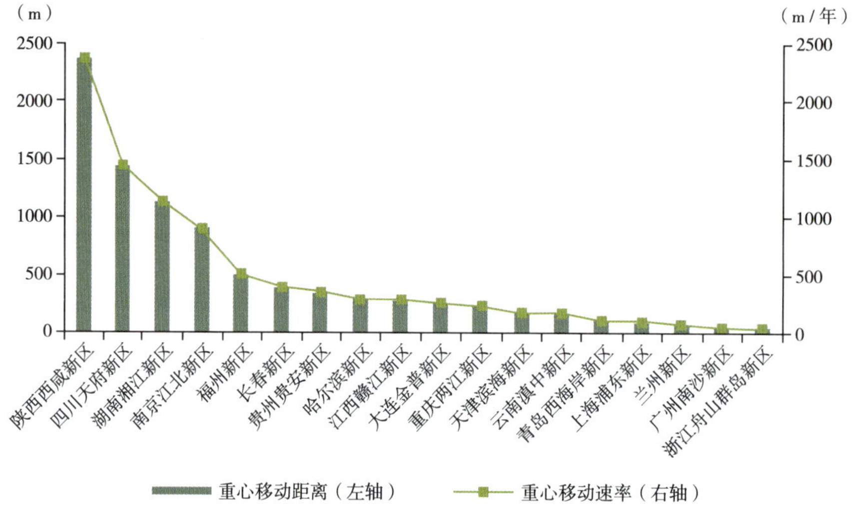

图1-5 2017—2018年国家级新区建成区重心移动统计图

（3）空间紧凑度

空间紧凑度值越大，空间越具有紧凑性。四川天府新区的建成区空间紧凑度值最大，为0.534；兰州新区、青岛西海岸新区、贵州贵安新区、长春新区和哈尔滨新区空间紧凑度值分别为0.349、0.19、0.16、0.138和0.126。

2017—2018年，四川天府、兰州、长春、哈尔滨、上海浦东、浙江舟山群岛、广州南沙、江西赣江和重庆两江等新区的建成区紧凑度值都有所增加，地理空间监测显示，主要在建成区的内部填充和改造发展，扩张区域大多是填充建成区内部空洞或者缝隙处，使建成区轮廓线更加连贯，紧凑度值增加。

3. 从地表覆盖率看，植被覆盖水平较高

2018年，各新区自然植被覆盖率平均值达到62.25%。兰州新区和贵州贵安新区自然植被覆盖率超过80%，青岛西海岸新区和长春新区自然植被覆盖率超过70%。其中，兰州新区林草覆盖率最高，为66.38%；重庆两江、浙江舟山群岛和云南滇中等新区林草覆盖率均超过40%；贵州贵安、青岛西海岸、大连金普、湖南湘江、南京江北和江西赣江等新区林草覆盖率在30%和40%之间。长春新区种植土地覆盖率最高，为58.23%，陕西西咸、贵州贵安、青岛西海岸、四川天府和哈尔滨等新区种植土地覆盖率在40%—50%之间。

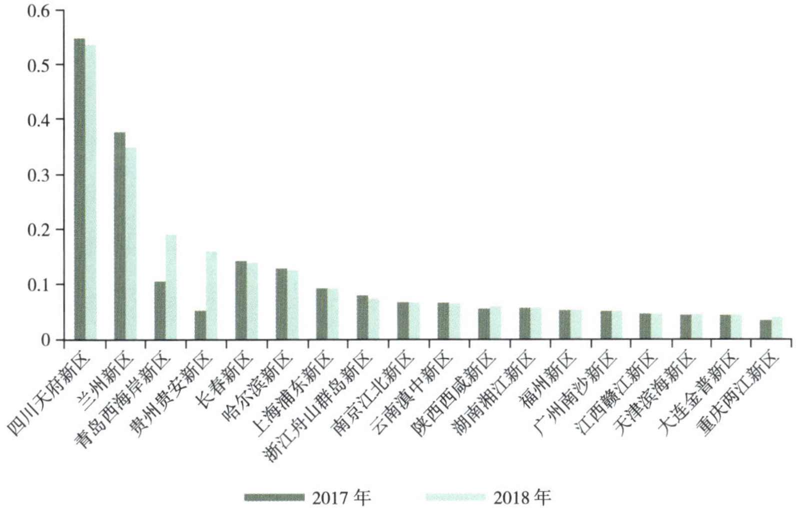

图1-6 18个国家级新区建成区空间紧凑度对比图

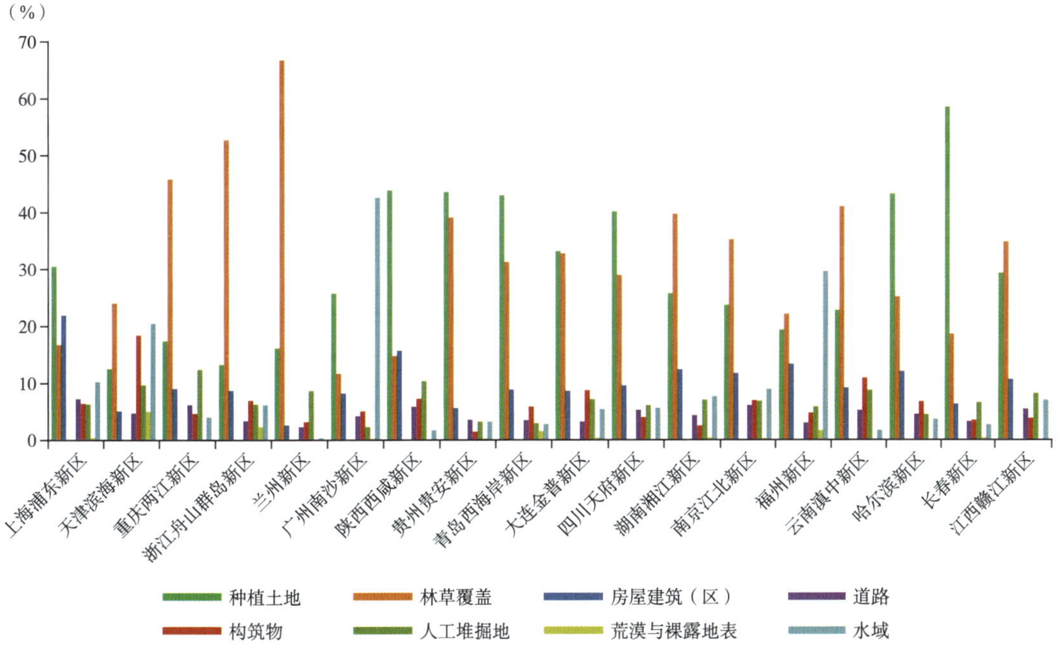

图1-7 2018年18个国家级新区各类别地表覆盖占比图

二、重点任务有序推进，建设发展成效明显

各新区对标对表中央要求，主动作为、真抓实干，防控风险、提质增效，按照推动高质量发展要求，深化改革创新，扩大开放合作，在强基础、补短板、抓创新、育人才、优环境上下功夫，推动各项工作取得新成效，积累了一批体现新区特色、可复制可推广的好做法、好经验。

（一）突出主业，努力打造实体经济发展新高地

各新区以深化供给侧结构性改革为主线，着力增强国际竞争力和区域带动力，充分发挥新区招商引资优势，加大服务实体经济力度，做精做强主导特色产业，提升改造传统支柱产业，培育壮大战略性新兴产业，加快产业功能区和产业生态圈建设，着力构建现代产业体系，进一步夯实高质量发展的基础。

1. 优势产业做大做强

对接国际标准和需求，做精做强各自优势主导产业，推动新区实现错位发展。青岛西海岸新区突出海洋经济主题，立足海洋传统产业走向远海、海洋新兴产业走向深海、海洋服务业走向陆海来统筹“三个走向”，不断优化海洋产业体系，拓展蓝色经济空间，新区海洋经济增加值占全市的比重超过35%。重庆两江新区以智能制造为主攻方向，支持企业技术改造、产品开发、品牌建设，推动汽车产业向智能化和绿色化转型，电子产业向“芯屏器核”和智能终端全产业链发展，装备制造向高端智能化迈进。浙江舟山群岛新区绿色石化基地2000万吨年炼化一体化项目进入基建和设备安装收尾阶段，即将投料试车，累计投资829.7亿元。贵州贵安新区以大数据引领的高科技产业加速发展，大数据产业规模达376.09亿元，大数据服务业营业收入完成32.43亿元，增长188.27%。

2. 传统产业改造升级

着眼产业转型升级，抢抓产业智能化机遇，推动新区传统优势制造业向价值链中高端延伸。大连金普新区推动传统优势产业向中高端发展，格劳博机床、山崎马扎克机床、THK等企业产业升级步伐加快，福佳大化、逸盛大化、中触媒等重型石化企业，加快进行生产工艺和节能环保改造升级。南京江北新区充分调动企业转型升级的积极性和主动性，鼓励扬子、扬巴、南钢、南汽等百亿级企业加快产品升级步伐。兰州新区依托建成的兰石、广通新能源等企业，着眼智能化、精密化、绿色化、

离散化制造方向，重点布局石化重型装备制造、新能源装备生产、电工电器生产等设备制造产业体系；大力改变以金属原材料生产为主的局面，新引进的九江德福5万吨6微米超薄铜箔、北京天成20万吨高档铝箔、正威集团10万吨铜合金高铁导线等一批科技含量高、带动能力强的重大项目快速建设，努力打造技术先进、全产业链铜铝新材料加工基地。浙江舟山群岛新区推进重点船舶企业与央企的重组合作，同时抓好船舶工业高质量发展行动，引导企业研发制造特种船、海洋工程装备、邮轮等高附加值产品，拓展大型钢构件、石化装备等非船业务，加快延伸船配产业链。

3. 新兴产业培育壮大

瞄准产业发展前沿，推动一批战略性新兴产业迅速壮大，构筑产业体系新支柱。上海浦东新区规模以上工业总产值首次破万亿，战略性新兴产业产值占工业总产值比重41.2%，生物医药、航空航天、新能源制造业分别实现17.5%、20.8%和7.8%的高速增长。天津滨海新区以新一代人工智能为抓手，抢占产业变革制高点，天河超算、曙光信息等入选国家大数据产业试点示范项目，高性能通用处理器取得重大突破，全球首款可见光通信芯片组正式发布。四川天府新区依托主体功能区建设，推动总部经济、科技研发、国际会展等产业聚集成链发展，安谋中国、商汤科技等一批新经济产业项目签约落地，总投资突破3000亿元。湖南湘江新区智能网联汽车测试区建成开园，获批“国家智能网联汽车（长沙）测试区”牌照。广州南沙新区加快建设智能网联汽车产业园，获批“国家级智能网联汽车测试示范区”。福州新区大力扶持培育战略性新兴产业，产业集聚效应显著增强。中国东南大数据产业园已建成福州国家级互联网骨干直联点、“海峡光缆一号”等一批大数据产业基础设施，借助举办首届数字中国建设峰会契机，推动一批数字经济项目落地；马尾物联网产业园建成华为全国首个物联网云计算创新中心，国内首个NB—IoT（窄带物联网）已实现商业化运作。

4. 制造业和服务业深度融合

加大信息化技术的应用力度，积极推动制造业与服务业融合发展，促进装备制造企业产品价值链延伸发展，进一步提高要素投入产出效率。浙江舟山群岛新区加快现代港口物流业发展，深化与长江水运物流公共信息平台、马鞍山港物流的信息共享，实现与国家交通物流公共信息平台7大类数据共享，服务沿江沿海港航企业近1000家，全年实现港口货物吞吐量5.3亿吨。大连金普新区推动制造业与服务业深度融合，搭建一批工业互联网平台，按照“智能化、绿色化、服务化、品牌化”体系标准，推进电子信息产业项目建设。青岛西海岸新区提升中央活力区、实体经济总部、绿色金融、智慧医疗、体育产业运动、市民文化、生态休闲等七个中心，推动先进制造业与现代服务业融合发展。

5. 大项目大企业支撑有力

着力创新招商引资方式，全力引进行业龙头企业和补链项目，推动产业集群化、一体化、优势化发展。天津滨海新区坚持项目带动，一汽大众华北生产基地等200个重点项目竣工投产，预计新增产值超过1000亿元；曙光通用芯片等398个项目开工建设，总投资达868.8亿元；PPG涂料全球研发中心、三峡海上风电、新松机器人等一批重大项目签约落户。重庆两江新区全年签约项目240个、合同投资1729亿元，“智博会”签约额为1081亿元，紫光智能安防、阿里巴巴、中星微电子等一批牵引力强的大项目落地。陕西西咸新区全年新增科技型中小企业160家、高新技术企业38家、小巨人企业55家，引进世界500强企业11个、国内500强企业12个，丝博会西咸专场签约744亿元，落户全球首个洛克菲勒文化中心、国内首个柔性半导体服务制造基地等重大项目。哈尔滨新区新引入亿元以上项目64个，协议引资额606.8亿元，龙商能源总部、中融国际信托金融总部大厦、华兴玻璃等投资10亿元以上的重大项目签约落地。湖南湘江新区全年安排270个重大产业项目，完成年度投资1000亿元以上，其中伟创力长沙智能制造产业园、杉杉新能源等一批投资过50亿元的重大产

图1-8 天津滨海新区施耐德低压电气项目

业项目均创造了当年签约、当年建成、当年投产的项目建设新速度。江西赣江新区围绕光电信息、生物医药、智能装备制造、新能源与新材料、有机硅、现代轻纺六大主导产业，共签约项目212个，合同总金额2007亿元。

（二）深化改革，营造国际化法治化便利化营商环境

各新区充分发挥敢闯敢试、敢为人先、埋头苦干的精神，大胆探索、大胆实践、大胆创新，深化“放管服”改革，持续提升审批服务质量，加强和规范事中事后监管，进一步优化高质量发展的环境。

1. 加大减税降费力度

加大力度减税降费，切实减轻企业负担，推动企业降本增效。天津滨海新区全力落实减税降费政策，工业企业资产负债率下降2.7个百分点、每百元主营业务收入中成本下降1.8元。重庆两江新区深化售电侧、供气侧、工业用地差别化供应等改革，社保费率调整，为企业减负9.67亿元。制定新区3年降债计划，全年降债169亿元。青岛西海岸新区积极搭建银企对接平台，引导金融机构开展金融产品服务创新，企业贷款平均办结时间下降47%，企业贷款加权平均利率下降19%。

2. 深化商事制度改革

着力在深化商事制度改革、简化企业投资审批、提升“互联网+政务”服务等方面率先突破。上海浦东、天津滨海、舟山群岛、兰州、青岛西海岸、南京江北和江西赣江等新区率先实现企业开办时间压缩至3个工作日之内。其中，上海浦东新区和南京江北新区新办企业设立登记2个工作日之内办结，天津滨海新区企业开办累计工作时间不超过1个工作日。青岛西海岸新区把涉及工商、国土、税务等十几个部门的“社会投资类项目”前置审批全部取消，项目审批由80个工作日降到28个工作日，提速65%。长春新区推进“标准地+承诺制”改革，仅用时13个工作日就完成项目建设开工前31个事项的审批，比常规审批减少了100多个工作日。江西赣江新区推进政务服务“一网通办”和“减证便民”专项行动，取消203项证明材料，网上办理率达到80%以上。

3. 提升项目服务水平

按照不断提升服务质量和水平的理念，以更加务实的举措助力企业发展。上海浦东新区建立企业服务专员制度，提供周到的保姆式服务，努力当好“店小二”，不断提高企业的获得感和满意度。四川天府新区实行党工委班子成员“周六现场办公

日”制度，有针对性地集中解决项目推进中的困难和问题。江西赣江新区组建企业办事服务小分队，变“坐等上门”为“登门服务”，定期上门为企业提供业务咨询、办理指导、协调问题等服务。大连金普新区积极协调市委、市政府主要领导到新区召开现场办公会，推进解决企业遇到的问题。

4. 强化事中事后监管

创新市场监管方式，维持良好市场秩序，进一步激发市场主体活力。上海浦东新区依托“一库一网一平台”基础设施体系，建立实时动态的企业公共信用评估指标体系和应用体系，形成覆盖企业全生命周期的采信、评信、用信全过程监管闭环。四川天府新区设立“一带一路”法律研究中心、“一带一路”商事调解中心和国家知识产权公共服务平台成都运营中心，持续推进法治化进程。南京江北新区建设全国首个法治园区，推动“一带一路”国际商事法庭、南京知识产权法院等“两庭三院”入驻，完善新区法治环境。

图1-9　浙江舟山群岛新区保税燃料油加注

（三）强化创新，提高创新创业创造能力

各新区深入实施创新驱动发展战略，突出科技创新，强化协同创新，建设创新载体，创新要素不断在新区集聚，新区内生发展动力全面提升。

1. 突破关键核心技术

坚持抓创新就是抓发展、谋创新就是谋未来的理念，把科技创新作为推动高质量发展的核心动力，不断加大科技人才资金投入，不断突破关键核心技术。上海浦东新区在已建成上海光源、国家蛋白质科学中心和上海超级计算中心的基础上，张江综合性国家科学中心上海光源二期、软X射线激光装置、超强超短激光装置、活细胞成像平台等4个大科学设施基本完工，硬X射线自由电子激光装置等项目按节点推进。天津滨海新区飞腾麒麟“PK体系”成为国家信息化建设的重要支撑，高性能通用处理器取得重大突破，全球首款可见光通信芯片组正式发布。广州南沙新区高新技术企业数量增长42%（新增173家），科大讯飞华南人工智能研究院、广州市智能软件产业研究院2家机构获批省新型研发机构，R&D占比突破3%，专利申请增长约98.5%（9875件）。

2. 健全服务创新机制

坚持问题导向和目标导向，着力破解制约创新创业的制度瓶颈，积极探索有利于激发创新活力的有效机制。上海浦东新区完善科技成果转化机制，设立产业创新中心，打造新型“政产学研资”平台，促进科技成果按照“项目法人化”模式转化，率先开展医疗器械注册人制度改革，推进海外创新创业联络站建设。青岛西海岸新区加快建设军民融合创新区，率先探索形成“三融”“三海”“三化”模式，打造军民融合深度发展“试验田”，举办首届全国标准化军民融合年会、首届青岛军民融合科技创新成果展，发布标准化军民融合“青岛共识”，出台全国首个地方层面军民融合深度发展促进办法。湖南湘江新区推进岳麓山大科城建设，以品质提升和合作共创工程为引领，引进地平线、猎豹移动、西电、中车时代等研究院12家，获评省级以上的实验室、院所60余个。兰州新区完善科技创新平台搭建机制，对新建创新平台按照基础设施投资额、实验设备购置费和研究投入情况给予补助，对创新平台研发具有引领作用的项目，按照“一事一议”的方式列支科研经费和成果转化资金，支持研发再投入和项目再引进。

3. 强化知识产权保护

不断完善知识产权保护体系，实行最严格的知识产权保护制度，一批国家级知识产权保护中心正式运行。青岛西海岸新区获批国家知识产权试点城市，新增高新技术企业45家。湖南湘江新区积极开展知识产权投融资服务试点、专利保险试点、知识产权评议试点等，设立长沙知识产权法庭，成立知识产权发展研究中心，上线运行专利大数据平台。南京江北新区完善知识产权保护体系，中国（南京）知识产权保护中心正式落户运营，新区有效发明专利拥有量5480个、增长24.2%，新制定国家标准10项。

4. 探索金融改革创新

大力发展服务实体经济和科技创新的金融体系，发挥政府资金杠杆作用，充分利用现有的创业投资基金，鼓励更多社会资本进入创业投资领域。上海浦东新区新增持牌类金融机构41家，累计达到1042家；新设立外资资管机构29家，全球排名前十的资管机构累计有9家落户浦东。广州南沙新区新设金融和类金融机构2967家（累计6236家），增长1倍，交付融资租赁飞机突破100架，率先开展资本项目收入支付便利化试点，发行国内首支再生纸绿色债券。湖南湘江新区以科技普惠金融为主导功能定位，推进湖南金融中心建设，引金融活水为创新创业赋能，入驻各类金融机构280家、总注册资本360亿元，基金机构255家、基金管理总规模2025亿元，完成项目123个、财政资金总杠杆倍数达到24倍。江西赣江新区统筹推进国家绿色金融改革创新试验区、“双创”示范基地建设，开展金融科技实验室、技术成果转化基金、产业引导基金等金融创新合作，制定绿色金融标准体系，建立绿色项目数据库，入库项目106个、总投资1100多亿元，共青私募基金数量突破3300家，管理基金规模超1万亿元。

5. 加大创新要素支撑

以提升区域创新能力为目标，大力发展科学研究平台、产业技术平台、创业孵化平台和公共科技服务平台，加快汇聚人才、资金、信息等各类创新要素，并持续发挥作用。湖南湘江、上海浦东、广州南沙新区全社会研发投入占地区生产总值的比重较高，分别达到5.2%、4%和3%。上海浦东新区制定发布“人才发展35条”，建设人才“一站式”服务的浦东人才港，加快形成具有全球影响力的人才制度体系。大连金普新区引进高层次人才及产业发展紧缺人才154人，柔性引进外国专家78人，认定高层次人才及自主创业高校毕业生6535人。哈尔滨新区坚持“立足本省把优秀人才留在新区，面向全国把高端人才引进新区，着眼海外把专业人才请到新区”，引进硕士及以上学历人才300多人，俄罗斯、美国等外籍专家30余人。重庆两江新区大力推进国家自主创新示范区核心区和国家双创示范基地建设，集聚国家级创新基地6个、市级以上研发平台234个（含国家级研发平台17个）、院士专家工作站14个、博士后工作站（流动）35个。南京江北新区剑桥大学科创中心、加州大学伯克利研究中心等一批高端创新平台陆续落户，中欧迷你硅谷等北欧“关键小国”创新合作项目建设初见成效。福州新区推动创业创新示范中心建设，建成3家国家级工程（技术）研究中心，3家国家级企业技术中心，59家省级企业技术中心，共有市级以上众创空间113家。

6. 深化管理体制创新

不断深化新区管理体制机制改革，着力增强发展内生动力和活力。陕西西咸新区抓住托管代管契机，建立了新区独立的财政管理模式和土地“直通车”渠道，实现了新区独立土地报批、供应和办证。四川天府新区在前一轮体制机制改革的基础上，进一步聚焦产业功能区建设，组建功能区管委会，探索“管委会+专业局+平台公司+街道”建设开发模式，创新城乡社区治理机制，不断释放体制机制活力。大连金普新区制定新区党政机构改革方案，2019年3月底前完成改革任务；推进事业单位改革，公益性事业单位由167个整合为16个，精简90.5%；按照“管委会+公司制”的改革方向，制定并实施功能区（园区）改革方案。哈尔滨新区管委会正式挂牌，成立工作协调推进小组，市委机关搬入新区办公，松北区正式托管利民经济技术开发区，街道社区建设提挡升级，利业镇实现撤镇设街，水投集团和太阳岛风景区管理局交由新区管理，调整理顺新区供排水管理体制，迈入江北一体发展区和江南政策协同区“南北互动发展”阶段。

图1-10 陕西西咸新区西部云谷

（四）找准定位，对接国家重大战略任务迈出新步伐

各有关新区积极对接融入“一带一路”建设、京津冀协同发展、长江经济带发

展、粤港澳大湾区建设、长江三角洲区域一体化发展等重大战略，实行开放口岸、通道、平台一体建设，开放主体、环境一体打造，着力培育开放“硬实力”和“软环境”，发展空间进一步拓展，持续提升面向全球配置资源的能力。

1. 积极对接国家重大战略

各有关新区把握国家战略重大历史机遇，积极对接、深度融入，形成了一批新的经济增长点、增长极。天津滨海新区服务京津冀协同发展取得新成效，全年承接非首都功能疏解项目591个，协议投资额1155.6亿元，中铝采购平台、中航资本等一批央企项目落地。上海浦东新区积极主动融入长三角更高质量一体化发展，建立长三角资本市场服务基地，成功举办长三角文采会和长三角旅游一体化高峰论坛，发布临港融入长三角一体化行动方案等。广州南沙新区深化与大湾区重点区域合作，与中山翠亨新区、佛山顺德区签署战略合作协议，新设港澳企业1504家（累计2872家）、投资额496亿美元，分别增长7倍和6倍。南京江北新区按照“共抓大保护、不搞大开发”要求，编制实施《江北新区长江经济带生态环境保护实施方案》以及《2018年江北新区推动长江经济带发展工作要点》，进一步明确新区更好地对接、融入长三角一体化进程的策略和重点任务。兰州新区扎实推进跨境电商综试区试点，先后启动跨境电商监管中心、肉类口岸、冰鲜海产品及热带水果等特殊口岸运营，开通兰州至河内、曼谷货运航线，进口货物种类由生活物资扩展到木材、肉类、电解铜等大宗商品，口岸经济基本形成。陕西西咸新区中俄丝路创新园中方园区、俄方园区均开园，“一带一路”语言服务标准体系及大数据平台、微信办照等4项自贸试点经验在全国复制推广。大连金普新区新开通至黑龙江穆棱内陆港中欧班列，中外运拼箱运营平台落地，中转集拼业务正式启动，全年完成海铁联运约40万标箱。

2. 不断提升对外开放水平

一是积极推进自贸区建设。各有关新区深化自由贸易探索，推进国际贸易和投资的自由化、便利化，着力提升开发开放能级。上海浦东新区推出全国首张跨境服务贸易领域负面清单，深化完善国际贸易“单一窗口”功能，全力推进扩大开放100条举措落地，引进一批国内外具有较高知名度和影响力的首创项目，开设国际进口博览会专区。浙江舟山群岛新区围绕推进油气全产业链投资便利化贸易自由化，自贸区探索形成59项制度创新成果，其中全国首创23项，6项被国务院复制推广，占第四批复制推广任务的20%。大连金普新区完成“辽宁自贸试验区总体方案”确定的108项任务，占总体方案涉及大连市任务总量的91%；复制推广前两批自贸试验区的改革创新经验177项；出台225项支持自贸试验区发展的政策措施。哈尔滨新区全面推行负面清单管理模式，复制推广自贸区投资管理领域、金融领域等改革试点经验61项，推出创新改革措施8项。广州南沙新区推出商事登记确认制、证照分离2.0、国际营商通、“一口受理、五十证联办”等标志性改革，建成“线上海关”样板间，全球溯源体系将在APEC成员国推广。兰州新区积极启用国际贸易“单一窗口”标准版，创造了“当日申报、当日验关、当日放行”的出口纪录，缩短通关时间。

二是加快建设重大开放通道。各有关新区立足区位优势，加快机场、铁路、港口、公路等基础设施互联互通，加大铁水、铁公、江海等多式联运整合，“陆海新通道”建设取得新进展。重庆两江新区积极融入“陆海新通道”建设，截至2018年底，重庆至越南河内国际铁路联运班列开行55班，重庆至东盟跨境公路班车开行661班。广州南沙新区国际邮轮母港综合体、南沙港铁路等港航基础设施建设顺利推进，南沙港区四期等项目开工建设，保税港区二期通过国家验收，新增国际班轮航线12条、无水港3个，以“海公铁联运”形式实现中欧班列过境。福州新区“海上福州”建设全面提速，新开通“海丝”航线1条，开通“福州—营口—满洲里—俄罗斯—欧洲”定期海铁联运班列。

三是大力培育贸易服务平台。着力培育一批服务设施完备、服务能力较强、外贸关联度较高的出口基地公共服务平台，为外贸企业提供全过程服务。哈尔滨新区建设全国首家中俄跨境金融服务中心，实现卢布现钞非边境口岸城市跨境调入，合作金额达到126亿元；上线中俄跨境电商在线支付平台，接入18种俄罗斯主流跨境支付方式，结算时间由10天减至3天。上海浦东新区保加利亚、匈牙利等国别（地区）商品中心投入运营，服务中国国际进口博览会，浦东共计13家平台入选首批“6天+365天”常年展示交易平台。湖南湘江新区打造集采购执行、物流服务、分销执行、融资结算、商检报关等为一体的对外贸易综合服务平台，加强国际科技商务平台、保税仓等建设，补齐对外开放短板。兰州新区全面建成国际互联网数据专用通道，加快推进“丝绸之路信息港”建设，与新加坡太平船务集团合作建立了中药材、日韩汽车配件及集装箱中转的信息平台，通过海外仓与发达国家建立最直接的商贸渠道。

3. 坚决打赢打好三大攻坚战

各新区出台新举措、作出新部署，集中精力、务求实效，积极开展防范化解金融风险，切实加大脱贫攻坚工作力度，全力推进污染防治，保持经济持续健康发展。

一是打好重大风险防范化解攻坚战。着力控增量、调结构、守底线，建立“疏堵并举、防治结合”的金融风险综合治理长效机制。天津滨海新区健全政府性债务考核问责机制，将政府隐性债务化解和债务管理纳入各功能区、各部门年度目标考核和国有企业负责人绩效考核，对脱离实际举债、违法违规举债或担保、违规使用债务资金、化解隐性债务不力等行为严肃追责。兰州新区组织开展全口径政府债务统计工作，筹集资金按时偿还20.71亿元的政府债务，未发生债务逾期现象；摸清隐性债务底数，在综合考量新区财力承受能力基础上，制定了10年隐性债务化解方案，严防新增隐性债务风险。广州南沙新区充分发挥广东省地方金融风险监测防控平台在南沙试点功能，将全区金融（类金融）企业及部分涉众敏感企业共30318家纳入平台进行网络舆情监控，2018年通报风险隐患41宗。湖南湘江新区制定隐性债务化解实施方案，“停缓调撤”项目90个，压减投资28.49亿元，偿还政府债务及PPP支出责任39.67亿元；梅溪湖二期地下管廊PPP项目成功入库。

二是打好精准脱贫攻坚战。各新区精准脱贫扶贫，确保脱贫攻坚全覆盖、高质量、防返贫。长春新区强化对扶贫产业资金、农合补助资金、残疾人创业扶持资金、特殊学生和贫困学生补助资金的监管，面向各类困难群体积极落实各项帮扶政策，带动贫困户积极脱贫，至2018年12月，全区贫困人口全部脱贫。兰州新区统筹整合涉农资金1.29亿元，大力推进农民职业技能培训、农村危房改造、控辍保学等工作，做到有劳动能力的建档立卡贫困户、脱贫不稳定户全覆盖，贫困发生率降到0.5%以内。大连金普新区强化对口帮扶和支援，采取产业合作、资金支持、劳务协作、社会帮扶等系列措施，到位帮扶资金2.21亿元，带动脱贫900余人。

三是打好污染防治攻坚战。按照重联治、全截污、抓突破的思路，积极推进污染防治，区域生态环境进一步改善。天津滨海新区与中国环科院共建环境创新研究院，制定72家排放大户“一企一策”减排方案，二氧化硫、氮氧化物等主要污染物减排10%以上，1788家“散乱污”企业全部完成整改。兰州新区对重点污染源、施工扬尘、污染物防治设施、危险废物处置等进行全方位监管，空气环境质量良好以上天数达80%以上，实施饮用水源地保护工程，水质达标率100%。广州南沙新区全面落实河（湖）长制工作，制定河（湖）长制实施方案，36名区级河（湖）长带头巡河

（湖），推进全区302条河流整治取得阶段性成果。

图1-11 广州南沙新区南沙港码头

（五）提升功能，建设宜居宜业美丽新区

各新区坚持以人民为中心，统筹城市功能定位和人民生产生活需求，有序开展城市建设，着力打造产业活力强劲、城市品质高端、服务功能健全的新区。

1. 大力提升规划质量

坚持规划先行，高标准编制好新区总体规划和各相关规划。雄安新区规划纲要获得党中央、国务院的批复，坚持世界眼光、国际标准、中国特色、高点定位，紧紧围绕打造北京非首都功能疏解集中承载地，建设绿色生态宜居新城区、创新驱动发展引领区、协调发展示范区、开放发展先行区，创造“雄安质量”，打造推动高质量发展的全国样板。陕西西咸新区面向全球招标一流的机构参与新区的规划设计，建立“城乡一体、多规合一”的规划管理体系，实现了控制性详细规划和城市设计的全覆盖。哈尔滨新区按照“多规合一”要求，将老城区人口和功能导出与新区导入结合起来，构建立体城市框架，谋划形成“1+4”总体规划、19个重点专项规划、4个行动方案、8个重点研究课题的新区规划体系大纲。

2. 强化基础设施建设

坚持一体规划、整体打造，把项目定位与城市功能相融合，突出内涵品质，完善功能配套，集聚商气人气，提升城市能级。重庆两江新区制定全域协同发展暨城市提升方案，实施191项基础设施、155个城市功能补短板项目建设，新续建立交节点20个、市政道路62条75.2公里，建设绿地123万平方米。江西赣江新区对标雄安新区总体规划，按照“多规合一”理念，加快编制赣江新区总体规划和专项规划，推进规划与建设同步管控，加速建设“一区、四园、四小镇”，打造全域产城融合示范区。南京江北新区围绕建设“长三角地区现代产业集聚区”的战略使命，聚焦“两城一中心”（芯片之城、基因之城、新金融中心）建设，推进科技创新与高端产业协同发展，商务区与生活区组团推进。云南滇中新区大力推进以道路交通为重点的基础设施建设，完成综合交通投资189.7亿元，其中铁路、航空、轨道交通投资58.8亿元。

3. 积极探索智慧管理

积极构建由智能感知、智慧管理、惠民服务、网络空间、主体协同五位一体的城市治理体系，提高城市治理智能化、绿色化与和谐化水平。上海浦东新区打造“城市大脑”，构建以城运中心为核心的城市精细化管理新体系，初步实现主动发现、自动指令、快速处置、实时反馈的管理闭环，城市运行总体安全可控。天津滨海新区推动智慧滨海运营服务中心投入使用，实现“大数据一张图”感知城市、“大平台一张网”惠及民生、“大运营一条链”服务产业。重庆两江新区加快海绵城市、智慧城市、节能城市等试点建设，推进城市智管、细管、众管，国博中心海绵改造项目入选国家有关经典案例库。

4. 城乡统筹进程加快

深入推进新型城镇化建设，落实乡村振兴战略，城乡一体化发展步伐加快，不断提升城乡居民的幸福指数。上海浦东新区持续推进都市现代农业发展，培育家庭农场539家，其中市级示范家庭农场9家，2018年浦东新区入选全国农村创新创业典型县和全国农村一二三产业融合发展先导区。贵州贵安新区大力实施乡村振兴三年行动计划，推动城乡一体化发展，加快建设城乡统筹发展示范区。青岛西海岸新区做强佳沃蓝莓、绿色硅谷等龙头企业，完善提升十多个特色产业小镇，加快培育新型职业农民，高质高效推动乡村振兴，促进城乡融合发展。

5. 大力强化生态保护

牢固树立“绿水青山就是金山银山”的理念，统筹做好治山理水、显山露水文章，努力建设生活空间宜居适度、生态空间山清水秀、人与自然和谐共存的生态新区。四川天府新区积极打造公园城市，统筹山水林田湖自然生态系统治理，大力实施骨干廊道“森林化”工程、重要节点“增花添彩”工程、重要流域水环境整治工程，加快推进重大生态项目建设，全面筑牢生态本底。天津滨海新区中新天津生态城建设国家绿色发展示范区取得显著成效，累计完成支撑项目308项，主要资源产出率、绿色建筑比例等17项指标提前达到2020年目标值。江西赣江新区积极推广装配式建筑、绿色建筑，提升建筑信息模型化（BIM）技术应用水平；开展环境污染责任保险试点，建立市场化、多元化的生态补偿机制。

6. 持续不断改善民生

积极践行以人民为中心的发展理念，底线民生突出兜底、基本民生突出普惠、质量民生突出品质，系统构建"大民生"格局。贵州贵安新区棚户区改造新开工600套，基本建成1400套，13个安置社区基本实现回迁安置，完成安置3949户、房屋8216套、面积80万平方米，新增城镇就业人口13470人。青岛西海岸新区创新民生服务供给，新建改扩建中小学校、幼儿园25所，新增普惠性民办幼儿园76所；深化医药卫生领域改革，家庭医生签约40万人，实现了"小病不出镇、大病不出区"。上海浦东新区全年民生投入约612亿元，占新区一般公共预算支出的比重上升超过45%。全体居民人均可支配收入达到66179元，增长9%。南京江北新区全年实施基础设施建设项目112个、完成投资207亿元，完成拆迁226万平方米、改造棚户区105万平方米，一批拆迁难题被彻底解决，城市面貌焕然一新。

图1-12 南京江北新区台积电晶圆厂

三、新时代国家级新区建设发展的总体环境更为有利

（一）面临新形势新机遇

当今世界正面临百年未有之大变局，我国发展仍处于并将长期处于重要战略机遇期。我国经济正由高速增长阶段转向高质量发展阶段，长期积累的矛盾与新问题新挑战交织叠加，经济下行压力有所加大。中国的改革开放正处于新的历史阶段。在新的起点上，国家级新区更应主动担负起改革急先锋的角色，领航大开发大开放，成为推动高质量发展的排头兵、建设现代化经济体系的新典范，为实现全面建成小康社会作出应有的贡献。

1. 全面建成小康社会决胜期必须强化责任担当

2019年是新中国成立70周年，是全面建成小康社会的关键一年。全国上下正在以爬坡过坎、攻城拔寨的决心，以破釜沉舟、志在必得的信心，万众一心、艰苦奋斗，全力夺取小康社会决定性胜利。新区作为区域发展的重要增长极，必须提高政治站位，树立历史眼光，增强大局观念，从全局高度和历史维度来认识推动新区高质量发展的重要意义。要发挥新区在贯彻落实新发展理念、推动“五位一体”协调发展中的示范引领作用，带动区域均衡协调发展。坚持尽力而为、量力而行，在打赢打好“防范化解重大风险、精准脱贫、污染防治”三大攻坚战中率先作为。要在推进乡村振兴、加强对口帮扶、精心做好各项民生工作、补齐民生领域短板中主动担当，以新区的新作为提升群众获得感和幸福感，促进实现共同富裕目标。

2. 工业化发展新阶段必须推动制造业高质量发展

我国已进入工业化后期，其突出特征是经济增速换挡、产业结构升级、发展动力转换。跨越工业化后期的瓶颈制约，对支撑社会主义现代化目标至关重要。2019年经济工作的首要任务是推动制造业高质量发展。当前，我国制造业发展大而不强，整体处于全球价值链的中低端，制造业“有没有”的问题已经解决，但“好不好”的问题日益突出，特别是支撑高质量发展的关键核心技术受制于人的问题比较突出，大量关键装备仍然依赖进口。必须坚持问题导向，提高制造业供给体系质量，推动中国制造向中国创造转变、中国速度向中国质量转变、中国产品向中国品牌转变。新区制造业尤其是高端制造业密集，推动制造业高质量发展具备良好基础和先天优势。推动制造业高质量发展，国家级新区要走在全国的前头。各新区要加快关键核

心技术攻关突破，增强制造业技术创新能力，以科技创新引领产业创新，加快制造业结构升级，用改革的方法，市场化、法治化的手段，推动制造业高质量发展。

3. 经济发展转型期必须发挥创新驱动作用

世界经济仍处于深度调整期，我国经济发展的外部环境复杂严峻，经济面临下行压力，不确定性依然突出。我国经济已由高速增长阶段转向高质量发展阶段，正处在转变发展方式、优化经济结构、转换增长动力的攻关期。经济转型需要不断提升创新能力，优化创新环境，加大创新投入，提升创新产出，增强创新成效，实现从要素驱动向创新驱动的转变。新区是区域创新资源的集聚地，应当抢抓新一轮科技革命和产业变革的历史性机遇，主动应对世界经济发展的新变化，瞄准世界科技前沿，面向国家重大战略需求，提升科技创新水平，以科技创新为引领，实现科技创新、制度创新、管理创新、开放创新、文化创新的有机统一和协同发展，建设区域性创新高地。

4. 改革开放攻坚期必须发挥示范引领作用

当前，全面深化改革已进入深水区攻坚期，原有利益格局面临着前所未有的冲击，不少深层次矛盾逐步暴露，一些改革推进的共识不足、动力不足、合力不足、能力不足问题也在凸显。新区作为承担国家重大发展和改革任务的综合功能区，要率先在推动高质量发展的指标体系、政策体系、标准体系、统计体系、绩效评价和考核体系等方面取得新突破，形成一批可复制可推广的经验，为全国其他地区改革攻坚提供新鲜经验和实践标杆。要以“一带一路”建设为统领，坚持国际眼光，对标先进理念，积极开展自贸试验区相关改革试点，充分利用国内国际两个市场优化配置资源，打破各种要素流动的区域壁垒和条块分割局面，增强其辐射带动作用。

5. 生态文明建设关键期必须坚持绿水青山就是金山银山理念

生态文明建设是关系中华民族永续发展的根本大计。总体上看，我国生态环境质量持续好转，出现了稳中向好趋势，但成效并不稳固。生态文明建设正处于压力叠加、负重前行的关键期，已进入提供更多优质生态产品以满足人民日益增长的优美生态环境需要的攻坚期，也到了有条件有能力解决生态环境突出问题的窗口期。新区作为我国国土空间开发和生产力布局的重要板块，区域面积广阔，山水林田湖草等生态要素齐备，具有较强的环境承载能力和生态示范功能，要坚持绿色发展理念，坚持绿水青山就是金山银山，大力推进生态文明建设。要像保护眼睛一样保护环境，实行最严格的环境准入标准，对重污染项目坚决禁入，以把住源头关。要坚决打赢打好环境污染防治攻坚战，加快实施生态修复工程，开展植树造林和湿地保护修复，建设生态环境优美、生态功能优良的国家级新区。

（二）承担新使命新任务

未来5—10年，是新区发展的重要机遇期，各新区要以习近平新时代中国特色社会主义思想为指导，全面贯彻党的十九大和十九届二中、三中全会精神，坚持稳中求进工作总基调，坚持新发展理念，坚持推动高质量发展，坚持以供给侧结构性改革为主线，坚持深化市场化改革、扩大高水平开放，大力培育新产业新业态新模式，加快建设具有新区特色的现代产业体系，努力把国家级新区建设成为制造业高质量发展的先行区、主业突出的实体经济发展高地、科技创新的生力军、深化改革创新的排头兵、产出要素高效的示范区。

1. 制造业高质量发展的先行区

各新区要一手抓传统产业优化升级，一手抓新兴产业培育，推动制造业向高端智能绿色服务方向优化升级，实现产业结构从中低端向中高端迈进。要立足现有产业基础，发挥产业特色，对标国际标准，瞄准市场需求，做大做强一批领军和中坚企业，做精做优一批主导产业，形成若干个在国内具有领先优势的产业集群。要瞄准市场需求和全球技术发展趋势，制定专项政策，吸引各类人才，引进科研机构，强化关键共性技术供给，健全以企业为主体的产学研一体化创新机制，增强制造业技术创新能力，在关键核心技术和重大产品创新上率先突破。深化重点领域改革，完善普惠性、功能性产业扶持政策，改善要素保障体系，着力营造有利于制造业高质量发展的良好环境。

2. 主业突出的实体经济发展高地

新区要把发展的着力点放在实体经济上，以供给侧结构性改革为主线，在巩固、增强、提升、畅通上做文章，强化科技创新、现代金融、人力资源等协同配套，盘活存量做优增量，建设现代化经济体系。要深入推进新型工业化与信息化深度融合、先进制造业和现代服务业深度融合，推动完善主业突出、一二三产业融合发展的产业体系。扭转经济“脱实向虚”的倾向，守住不发生区域性、系统性金融风险的底线，增强金融服务实体经济的能力。落实减税降费相关政策，深化重点领域改革，大力降低实体经济成本。围绕提升传统产业、发展新兴产业、打造主导产业，加强项目招商引资、创新创业和落地服务工作，增强促进实体经济提质增效的项目支撑，培育更多新的经济增长点。

3. 科技创新的生力军

创新是新区竞争力的源泉。新区要深入实施创新驱动发展战略，集聚创新要素资源，建设高水平创新创造载体，打造具有世界影响力、国内领先的创新引领区。积极争取和布局重大科技基础设施，推动国内外各类科研院所、高等院校等在新区设立研究机构，加强基础研究和应用基础研究，加快关键核心技术攻关，在原创性科研成果上实现率先突破。强化科技与经济社会深度融合，建立完善以企业为主体、市场为导向、政产学研金用深度融合的技术创新体系，为制造业高质量发展提供有力支撑；优化创新基地建设布局，建立创新联盟或共同体，建设一批具有国际先进水平的科研机构和孵化合作载体，健全科技创新的投入管理、中介服务、公共配套等综合服务体系，推动科技体制改革，打造推动创新发展的重要支撑平台和服务体系。

4. 深化改革的排头兵

新区要深化重点领域和关键环节改革，大胆先行先试，着力提升治理能力和治理体系现代化，为深化改革探索新路径、积累新经验。要率先在推动高质量发展的指标体系、政策体系、标准体系、统计体系、绩效评价和考核体系等方面取得新突破。要不断提高政府效能，深化“放管服”改革，推动减政放权，提高政务服务水平，加快建立以信用为核心的新型监管机制，营造国际一流营商环境。深入推进国企国资改革，积极稳妥发展混合所有制经济，充分激发民营经济活力，构建多层次激发和保护企业家精神的长效机制。加快启动和落实容错纠错机制，明确容错具体实行，确定纠错合理程序，为担当者担当、为负责者负责、为改革创新者撑腰鼓劲，激发创业精气神。

5. 要素产出高效的示范区

清理妨碍要素市场化配置的地方保护措施和政策壁垒，率先实施全国统一的市场准入负面清单制度，消除歧视性、隐蔽性的区域市场准入限制，引导资金、技术、人才等生产要素有序自由流动。深入实施公平竞争审查制度，消除区域市场壁垒，打破行政性垄断，清理和废除妨碍统一市场和公平竞争的各种规定和做法。积极推进工业用地市场化配置改革，顺畅生产要素从低效向优质高效领域流动的机制，以增强市场主体活力。以对标国际规则为抓手，落实进一步放宽市场准入的各项措施，更高水平参与国际竞争与合作。

（三）正视新问题新挑战

国家级新区的发展仍然面临许多外部挑战，特别是世界经济增速放缓，国际环境错综复杂。受中美经贸摩擦影响，外部需求明显减弱，对出口导向型的产业体系都将产生影响，经济面临下行压力。部分新区由于产业转型升级还没有到位，企业创新能力不强，在国际上缺乏品牌和定价等竞争优势。

同时，国家级新区要承载新的历史使命，实现高质量发展，也面临着一些突出问题，需要在今后建设发展中下大力气加以解决。

1. 产业优势不够突出

一些新区产业特色不突出，核心竞争力不够强，主导性产业尚未形成，同质化、趋同化现象突出。部分新区科技研发成果供给能力欠缺，高新技术产品自主研发和转化能力较弱，全社会研发投入强度过低，自主创新能力较差，缺乏支撑制造业高质量发展、培育具有比较优势新兴产业的核心关键技术。有的新区仍以传统产业为主，固守老路子，新旧动能转化不畅。有的新区缺少支柱型产业、重大项目和龙头企业，没有形成相对完整的产业链条和产业集群。

2. 城市建设缺乏特色

一些新区对所在城市文化底蕴、历史传承、地域特色的挖掘不够深入，规划建设特色不够明显，"千城一面"现象依然比较突出。一些新区新建建筑仍存在"贪大求洋"现象。城市绿地、绿道、停车场等事关老百姓出行、生活等方面的配套设施不够完善。一些新区土地集约节约利用率不高，单位面积产出强度较低。

3. 体制机制尚需理顺

一些新区在"先行先试"方面仍有等、靠、要的思想，勇于创新、敢于创新、善于创新的能力不足，管理体制、产业体系、科技创新、社会管理等方面的改革红利还有待进一步发挥。有的新区与所辖自由贸易试验区、高新区、开发区等功能平台的关系还未理顺，"1+1"没有大于2。个别新区与行政区存在"两张皮"现象，个别跨行政区的新区，各自为政、条块分割，主要经济数据不全，严重制约了新区发展。

四、切实抓好2019年推动国家级新区高质量发展的主要任务

国家级新区正处在深化改革开放、推动高质量发展的关键时期，各新区要以习近平新时代中国特色社会主义思想为指导，全面贯彻十九大和十九届二中、三中全会精神，认真落实中央经济工作会议和政府工作报告的重大部署，全力以赴推动高质量发展，全力以赴推进现代化经济体系建设，深化供给侧结构性改革，在稳就业、稳金融、稳外贸、稳外资、稳投资、稳预期方面发挥更为重要的作用，为决胜全面建成小康社会，开启全面建设社会主义现代化国家新征程作出贡献。

（一）准确定位，突出特色，着力提升规划建设水平

1. 突出特色定位，合理把握开发节奏

各新区要结合不同发展阶段的特点与优势，处理好有所为与有所不为、先为与后为、快为与慢为的关系，合理把握开发节奏，尊重城市发展规律，促进新城建设与旧城改造联动、精致城市与美丽乡村建设同步、城镇发展与产业支撑协调、就业转移与人口集聚统一，坚决防止盲目建设和无序扩张。要坚持以资源环境承载能力为刚性约束条件，科学确定新区开发边界、人口规模、用地规模和开发强度。按照“多规合一”的理念，编制国土空间规划，落实新区发展总体规划和相关专项规划，明确新区发展的战略目标、空间布局和重点任务，坚持科学的开发方向、合理的推进时序和严格的管控措施，彰显新区的发展实力、国际水准、一流品质和区域特色。

2. 提升规划设计水平，避免千城一面

各新区要对标对表雄安新区发展规划纲要，提升新区的规划设计水准。要推进以人为核心的新型城镇化，统筹生产、生活、生态三大空间，按照“生产空间集约高效、生活空间宜居适度、生态空间山清水秀”的要求，结合新区空间类型，合理确定发展形态，合理控制用地规模，严守生态保护红线，严控城镇开发边界，严格保护永久基本农田，优化城市总体规划。优化城市功能控规，提升产业用地比重，合理布局商住用地，留足生态用地空间，形成整体低密度、局部高效利用、景观廊道通透、天际线优美的城市形象。优化城市设计，坚持顺应自然、尊重规律，将整体风格、气质、高度、体量、色调、植被等细节有机融合，注重细节打造，强化城市空间秩序管理，深挖城市文化底蕴，形成城市审美感与辨识度合一的独特城市风貌。

3. 强化规划执行，确保一张蓝图干到底

各新区规划编制设计要坚持谋定而后动，把每一寸土地规划好再进行建设。规划通过法定程序确定后，就要严格执行，坚决维护规划的严肃性和权威性，任何部门和个人不得随意修改、违规变更。要保持历史耐心，合理把握开发节奏，稳扎稳打，一茬接着一茬干，一张蓝图干到底，以钉钉子精神抓好各项工作落实。

（二）突出主业，深度融合，促进制造业高质量发展

1. 培育新势能，发展特色主导产业

各新区都要有3—5个符合自身发展特点的主导产业，要深入挖掘本新区的产业发展特色和潜力，对标国际标准和需求，打造具有国际竞争力和区域比较优势的产业集群和产业链，夯实产业发展的坚实基础，形成支撑新旧动能转换的“四梁八柱”。要创造性地践行深化供给侧结构性改革，以促进技术变革、提升产业链条为核心，打造实体经济发展的高地。要发挥企业的主体地位和资本的整合功能，发挥智能制造在推进制造业转型升级发展中的引领作用，坚持引进消化吸引再创新，通过新材料、新模式、新工艺、新技术创新来发展提升传统优势产业。

2. 壮大新动能，培育战略性新兴产业

各新区要加快培育新一代信息技术、生物医药、高端装备制造、节能环保、新材料、新能源汽车、人工智能等一批战略性新兴产业。积极对接布局一批人工智能、数字经济领域的科技型重大项目，培育新业态、发展新经济、集聚新动能。优化产业项目引进机制，精准引进产业链长、成长性强、标识度高的重大项目，有针对性地“造链”“补链”“强链”，建设高端智能制造示范企业、产业集聚区，打造智能制造全产业链条，形成一批高新技术产业集群。推动互联网与工业融合创新，加快实施一批融合示范项目，推进“互联网+”制造，构建以互联网为依托的产业体系。

3. 运用新技术，加快优势产业升级迭代

各新区要支持智能化改造，鼓励企业加大技术改造、技术创新力度，加快数字工厂、数字车间建设，推广应用智能装备，加速“腾笼换鸟”“机器换人”步伐，进一步改善产品结构、提升产品质量、提高装备水平、优化工艺流程。支持清洁化改造，促进节能环保、清洁生产、清洁能源等绿色产业发展，淘汰落后产能和技术，化解过剩产能。优化功能区制造业布局，围绕主导产业和重点领域，拉长产业链条，加快培育一批成规模、成体系的新兴产业集群，提升具有自主知识产权的重大技术

装备制造能力，不断向产业链、价值链的中高端迈进。积极吸纳和集聚创新要素资源，高起点布局高端高新产业，建设实体经济、科技创新、现代金融、人力资源协同发展的现代产业体系。

4. 汇聚新要素，推动制造业和服务业融合发展

各新区要加快发展现代服务业，推动生产性服务业向专业化和价值链高端延伸，生活性服务业向精细化和高品质转变。围绕先进制造业发展需求，支持研发设计、绿色金融、现代物流、信息服务等生产性服务业发展。推动服务业与互联网融合融通，壮大数字经济，发展平台经济、共享经济，培育形成新的竞争优势和经济增长点。提升产业园区配套服务，强化产业带综合承载功能，推动物流、人流、资金流、信息流加速涌动，满足入驻企业的人才需求。

5. 发展新主体，着力培育优质企业

既要提升大企业综合竞争力和劳动生产率，也需要充分发挥中小企业作用，培育更多“专精特新”小巨人企业和专注细分领域的“单项冠军”企业。加快培育世界一流企业，让企业更深度地参与全球竞争，在竞争中不断增强实力。进一步优化企业兼并重组市场环境，支持企业间战略合作、跨地区兼并重组，更加积极地为优势企业发展壮大创造条件。进一步完善公共服务体系，在降低成本、缓解融资难融资贵等难题上取得新突破，引导中小企业聚焦主业，提高专业化发展水平。

（三）创新驱动，加速转化，增强产业核心竞争力

1. 构建新生态，攻关核心关键技术

各新区要在建设创新型国家、打造区域性创新中心中走在前列。要发挥新区内高校、科研院所、创新型企业、科研人才密集的优势，瞄准世界科技前沿，面向国家重大战略需求，加大基础研究和应用基础研究支持力度，强化原始创新，加强核心关键技术攻关。以高校、科研院所、大型企业为支撑，积极争取参与国家科技创新2030重大项目，重点在航空发动机及燃气轮机、国家网络空间安全、自主可控设备、种业自主创新、智能电网、天地一体化信息网络、大数据、智能制造和机器人、新材料等研发及应用等专项上实现突破。培育创新文化和氛围，推进高校和科研院所的科技基础设施和创新资源共享，营造良好的科研生态，促进形成各类英才尽现、创新成果泉涌的生动局面。

2. 建立新机制，提高创新服务水平

各新区要立足营造有利于创新、创业、创造的良好发展环境，提高创新服务水平。着力构建科技服务体系，组建重点产业创新联盟，促进大中小企业之间技术衔接、成果转化、协同创新。深化人才政策创新，建立“一企一策”“一事一议”服务机制，重点引进掌握尖端技术、关键技术和重大项目的科技人才团队，激励现有人才充分发挥作用。充分发挥院士专家工作站、重点实验室、海智基地、省级人才基地等载体人才引育功能，新引进各类科研人才、专业技术人才。加强知识产权保护及综合运用，构建国际一流的创新服务体系。支持立足本地实际，率先开展服务实体经济的金融创新或金融试验试点示范工作，推动国家级交易平台等重大金融项目先行先试，支持绿色金融、科技金融、金融科技和金融业对外开放新举措在新区落地，支持新区企业率先在科创板上市。推动军民融合深度发展，积极在军民科技协同创新、军地人才双向培养交流使用、军民两用技术双向转化、军民兼容的标准体系建设等领域率先实现突破。

3. 紧盯新技术，加快创新平台建设

各新区要高标准建设国家实验室，推动大科学计划、大科学工程、大科学中心、国际科技创新基地在新区的统筹布局和优化设置，打造一批重大科技创新平台。支持企业、高校、科研院所建立重点实验室、技术中心、研究院等产学研合作平台。打造知识产权服务平台，以知识产权为纽带，将资本、技术、产权等创新要素导入新区实体产业。紧盯先进装备制造、新材料、新能源汽车、生物医药等高新技术产业，创新激励机制、加大科研投入、完善创新服务，鼓励企业联合产业上下游共建产业创新中心。推动大众创业、万众创新深入发展，探索建设融政府服务、金融服务、孵化转化为一体的创业广场和低成本创业街区。支持有条件的新区建设大学科技城和专业化大学科技园，推动院校布局与产业布局对接、专业群建设与优势产业链对接、院校办学与产业发展对接。

4. 完善新体系，推动产学研融合

各新区要建立完善以企业为主体、市场为导向、政产学研用相结合的制造业创新体系，力争在重点领域突破关键核心技术并实现产业化。强化产学研一体化集成，支持高校、企业、科研院所开展产学研合作、新产品研发、关键技术攻关、创新成果产业化，全面提升科技研发、技术转化、联合创新能力。加快战略性新兴产业培育和传统产业技术创新，探索激发企业加大创新投入积极性的有效机制，打造一批具有持续创新能力、自主知识产权、能够引领行业发展的技术创新示范企业。

（四）深化改革，激发活力，营造国际化法治化便利化营商环境

1. 持续深化“放管服”改革

各新区要继续优化项目审批，推行“证照分离”改革，缩短企业商标注册周期、工程建设项目审批时间。推进“互联网+政务服务”，创新实践“一号申请、一网办理、一窗通办”，实现新区服务“一网通办”，争取“只进一扇门”“最多跑一次”和全程电子化登记管理。试点企业投资项目承诺制，探索创新以政策性条件引导、企业信用承诺、监管有效约束为核心的先建后验管理模式。探索实施生产许可“一企一证”，推动实现统一社会信用代码在各许可管理环节的“一码贯通”。加强事中事后监管，健全“双随机、一公开”和联合惩戒机制，完善营商环境评价指标体系，强化营商环境考核监督。

2. 降低企业运营成本

各新区要率先落实“减税降费”各项举措，畅通国家惠民政策的最后一公里。要以改革推动降低涉企收费，支持新区参与电力市场化改革，优先安排在新区实施直供电和电力需求侧改革试点。专项治理中介服务收费，清理规范行政事业性收费，加快收费清单“一张网”建设，让收费公开透明，让乱收费无处藏身。新区财政要主动挖潜，大力优化支出结构，多渠道盘活各类资金和资产，确保减税降费落实到位，确保民生支出只增不减，确保地方政府债务化解到位。合理扩大专项债券使用范围，支持政策性金融机构加大对新区建设的专项支持，妥善解决融资平台到期债务问题。推进土地制度改革，建立多主体供给、多渠道保障、租购并举的住房制度和房地产市场调控长效机制，支持建设“人才公寓”，合理控制新兴产业用地成本和企业员工购房居住成本，促进形成有利于引进人才、留住人才，价格可控的住房保障体系。

3. 支持民营经济发展

各新区要支持金融机构用好再贷款和再贴现资金、常备借贷便利资金，进一步增加对民营企业的信贷投放。帮助民营企业申请纾困资金、融资担保发展资金，进一步缓解流动性融资压力。对民营科技领军企业实施重大创新项目、股改上市给予资金补助，助推民营企业做大做强。设立“政策兑现窗口”，完善重点项目绿色通道管理办法和服务细则。建立“服务民营企业直通车”，推行“企业特派员”制度。加

快完善园区配套服务功能，市场化推进道路、供水、供电、供气、通信等基础设施建设，增强园区的承载力。

（五）深化合作，扩大开放，增强辐射带动作用

1. 开展自由贸易改革试点

各新区要发挥新区与自由贸易试验区“双区”叠加优势，复制应用自由贸易试验区成熟政策，尽快推动各项创新政策在新区落地，率先营造国际化、法制化、便利化的营商环境。对接国际贸易通行规则，推动跨境投资便利化、服务贸易创新、口岸服务机制创新等改革事项先行先试。对于拥有对外口岸的新区，始终围绕口岸延伸的目标，积极推进各项业务的改革创新。对于地处内陆的新区，依托铁路、机场等开展口岸建设，探索打造符合本地实际的复合型综合物流枢纽港，积极试点陆港启运港退税。

2. 深度融入共建“一带一路”

各新区要坚持把开放作为高质量发展的必由之路，顺应经济全球化潮流，积极融入共建“一带一路”，主动参与和积极推动形成陆海内外联动、东西双向互济的开放格局。积极建设“一带一路”重要节点，提升全面开放水平、拓展经贸合作领域、扩大人文交流，形成所在区域全面开放的新高地。抢抓全球产业重新布局和国际产能深化合作的重大机遇，坚持“引进来与走出去”相结合，积极承接第二届“一带一路”国际合作高峰论坛成果，积极组织企业参与中国进口博览会。建立新的国际贸易规则下企业走出去促进体系，促进企业境外上市、海外并购、援外建设发展步伐。加快政府职能转变，率先推行准入前国民待遇加负面清单管理制度，促进投资贸易便利化。积极落实扩大制造业开放的政策举措，落实船舶、飞机、汽车等行业开放政策，以高水平开放推动制造业高质量发展。扩大服务业开放，积极推进现代服务业综合试点，重点建设跨境电商产业园，形成服务贸易与货物贸易协调推进的对外贸易新格局。

3. 加强跨区域合作

各新区要推动与周边发达经济圈的对接融合，加强与京津冀、长三角、珠三角等重点区域城市的常态化互动交流合作，推动区域同城化进程，探索与内陆地区的合作机制。按照交通、生态环境保护、产业升级转移、要素市场、公共服务一体化的要求，以地铁、城市轻轨、城际公路同城化建设为重点，加强新区与邻近城市的

联动发展。结合国家重大区域发展战略，加强同一战略区域和城市群中的新区之间的横向合作。坚持政府引导、市场运作的原则，积极开展产业合作与交流，加快引进外国资本、先进技术和管理经验，鼓励外商投资企业参与区中园、一区多园等建设运营。

4. 提升枢纽功能地位

各新区要以枢纽建设为支撑，强化新区集聚辐射引领带动功能，加快建设区域综合交通枢纽、区域贸易枢纽和金融业对外开放试验示范窗口。要积极推进高速铁路站场、高速公路、民营机场等重大交通基础设施建设。完善城市轨道交通，打造快捷城际交通体系和新区内部路网体系。大力发展铁海联运、江海联运，推进智慧航空港物流中心建设，加快建设多式联运中心。推动新区国际货运班列通关一体化，加快推进内陆新区多式联运工程建设。增开加密国际客运航线，稳步推进全货机开行，全面畅通国际物流通道。

（六）产城融合，城乡统筹，打造绿色宜居生态新区

1. 提高城市品质

各新区要贯彻“适用、经济、绿色、美观”的建筑方针，促进城市管理智能化、公共服务便捷化、人居环境生态化，提高城市空间利用率，改善城乡人居环境。优化道路网络，提升城市通透性和微循环能力。精心打造蕴含文化特色的城市符号。全面推进教育、医疗、文体、商住等综合配套设施建设，加快打造“宜居、宜业、宜学、宜创、宜游”的城市空间。提升智慧管理水平，高标准建设新一代信息基础设施，探索建立集信息感知、数据研判、决策治理于一体的智能城市管理新模式。建设统一政务服务资源库，构建全流程一体化政务平台，建设高效透明、整体联动、部门协同的智能管理体系。

2. 补齐民生短板

各新区要牢固树立以人民为中心的发展思想，扎实推进民生工程，认真办好惠民实事，补齐民生短板，增加城乡居民收入，让新区人民共享改革发展成果。探索建立多主体供给、多渠道保障、租售并举、租售同权的住房制度，开展只租不售、先租后售、以租代售、共有产权等制度创新，让在新区创业就业的人群住有所居、安居乐业，不断提升群众幸福感、获得感。制定实施更加积极有效的就业促进政策。进一步完善社会保障体系。推进义务教育均衡优质发展。推进养老服务城乡一体化，

统一城乡低保、特困老人居家养老补贴和服务标准。大力发展慈善、残疾人等事业。做好区内扶贫帮困和区外对口帮扶、定点帮扶工作。加强社会治安综合治理，推进扫黑除恶专项斗争向纵深发展。

3. 推进城乡协调发展

各新区要坚持规划先行、建设提速、管理提质，建设城区与乡村协调发展、互促并进的生态宜居幸福家园。实施乡村振兴战略，推动农业全面升级，提升农业产业化、科技化、品牌化水平，发展“互联网+”现代农业、休闲农业和乡村旅游，扶植家庭农场、专业合作社等新型经营主体，培育农业新模式新业态。构建重点项目、农业园区用工与本地农民就业联动机制，拓展家门口就业，多渠道增加农民收入。加快美丽乡村建设，提升乡村公共基础设施建设水平，推进农村人居环境整治，全面打赢脱贫攻坚战。加强生态建设和修复保护。严守生态保护红线，高标准推进绿色生态屏障建设。加大对林地、草原、湿地的恢复和管控力度，坚守新区绿水青山底线。加快建设“天蓝、水清、山绿、林茂”的生态环境。

2

新区巡礼篇
创新发展成效

国家级新区发展成效和2019年工作展望

一、上海浦东新区

图2-1 上海浦东新区特斯拉工厂

（一）2018年工作成效

1. 经济社会发展

2018年，上海浦东新区地区生产总值达到10462亿元，财政总收入超过4000亿元，一般公共预算收入达到1066亿元，规模以上工业总产值超过1万亿元，固定资产投资达到2003亿元，外贸进出口总额超过2万亿元，商品销售总额达到4万亿元左右。第三产业增加值增长9%以上，占地区生产总值比重达到75.5%。

2. 创新体制机制

张江综合性国家科学中心建设取得积极进展。年内上海光源二期、软X射线激光装置、超强超短激光装置、活细胞成像平台等4个大科学设施基本完工，硬X射线自由电子激光装置等项目按节点推进。“双区协同”作用进一步增强。张江科学城首轮“五个一批”重点项目年内全部开工。启动南北科技创新走廊建设，促进张江核心区和临港主体承载区有效联动，华域汽车等首批五个项目顺利推进。

开放包容的创新生态系统加快完善。李政道研究所、复旦大学国际创新中心、上海交大张江科学园等高能级科研机构开工建设。外资研发中心累计达到233家，占全市一半以上。备案登记的孵化器和众创空间达到156家，占全市的1/4；孵化面积近100万平方米，在孵企业或团队5276家。18个市级研发与转化功能型平台有5个落户浦东，成立浦东产业创新中心。高新技术企业累计达到2247家，占全市的1/4。

3. 服务国家重大战略

拓展“一带一路”专区功能，服务国内企业走向等20多个“一带一路”沿线国家和地区。设立“一带一路”技术交流国际合作中心，1—11月，浦东对“一带一路”进出口总额达3755亿元。浦东企业在新加坡、捷克等25个“一带一路”沿线国家投资296个项目，中方投资额81.5亿美元。全力推动“一带一路”国别（地区）商品中心建设，扩大“一带一路”国家优质商品进口，目前已有8个国别馆投入运营。

4. 打赢打好三大攻坚战

加强金融风险防范工作。持续优化浦东新区金融综合监管平台，实现统一集约、协同开放、数据共享、信息交互的有机结合。进一步优化互联网金融风险专项整治工作。组织律师事务所、会计师事务所、公安等部门对互联网金融机构进行全覆盖、有重点的风险排查。探索完善区域金融风险防范机制。

生态环境持续改善。落实林地建设区域2.4万亩，完成市下达造林面积1.31万亩。G1501绕城高速、S2沪芦高速、老港固废基地等市级重点生态廊道开工，新增绿地400公顷。全面实行河道设施、水面保洁、河道绿化、河道轮疏等“四位一体”综合养护。市考555条段黑臭河道顺利通过市级考核，区考1020条段已完工。实施新一轮清洁空气行动计划。强化环境综合整治，拆除违法建筑超过1926万平方米，超额完成年度计划目标。

5. 高水平对外开放

加强改革系统集成，建设开放和创新融为一体的综合改革试验区。市场准入便利化改革全面深化，2018年版负面清单压缩至45条，90%左右的国民经济行业对外资实现了准入前国民待遇。率先开展企业登记“1+1+2”改革，市场准入提速60%以上。开通运行“浦东企业投资建设项目一网办理平台”，推动各部门审核、备案、审批同步受理、依次发证，一次办成。不动产登记全面提速，实现从“5个工作日”办结到“5个自然日”办结的优化提速。

加强同国际通行规则相衔接，建立开放型经济体系的风险压力测试区。服务业54项扩大开放措施2018年新落地服务业项目超过400个，累计落地项目超过2800个。加快实施集装箱设备交接单无纸化改革，进口货物抵港到企业申请提箱时间压缩0.5—1天。围绕银行业、证券业、金融市场对外开放等领域出台25条创新举措，英国韦莱保险经纪公司获批成为全国首家获准扩展经营范围的外资保险经纪机构等。

6. 集约节约发展

城市管理服务更加精细。完成黄浦江滨江沿线灯光、世纪大道景观综合改造，实现全区2953个重点路口景观提升，建成56个口袋公园，开展3座老公园改造，夜公园开放增至29座。理顺街道党建“1+2”新体制，完善大镇域管理体制，鼓励社区社会组织参与社区治理，在全市率先发布《社会治理指数评价体系》区级标准。

城乡一体化发展步伐加快。新区总体规划向社会公示，合庆镇、新场镇总规正式获批，郊野单元（村庄）规划编制工作有序推进。大团镇赵桥村列入上海市首批乡村振兴示范村创建名单。浦东入选全国农村创新创业典型县和2018年全国农村一二三产业融合发展先导区，新型农业经营主体不断培育壮大，已有家庭农场539家，其中市级示范家庭农场9家。

（二）实体经济发展情况

聚焦“最强光”，全力推进硬X射线自由电子激光装置建设，实现软X射线自由电子激光装置、超强超短激光装置、活细胞成像平台投入使用。

聚焦“中国芯”，加快建设上海集成电路设计产业园，推进中芯国际12英寸生产线投产。

聚焦“蓝天梦”，启动大飞机总装产业基地配套园区建设，努力向发动机、航电、机电等产业链高端迈进。

聚焦“创新药”，打造张江生物医药协同创新平台，启动新场生物医药产业园建设。

聚焦“未来车”，加快新能源、自动驾驶、智能网联等汽车龙头企业集聚，推进特斯拉项目建设。

聚焦“智能造”，建设智能制造市级功能平台，加快临港智能制造产业园、张江人工智能岛等建设。

聚焦“数据港”，推动大数据技术产业创新发展，在金融信息、健康医疗等领域实施一批大数据应用项目。

图2-2 上海浦东新区C919成功首飞

（三）2019年工作展望

2019年，浦东新区将以习近平新时代中国特色社会主义思想为指导，全面贯彻新发展理念，牢牢把握稳中求进工作总基调，紧紧抓住深化供给侧结构性改革的主线，坚持“四个放在”的站位定位，坚持“三个下功夫”的总体要求，加快推进落实三项重大战略任务，坚持追求卓越的发展取向，坚持富于创造的实践要求，充分体现“四个论英雄”和“进步指数”的目标导向，保持战略定力，准确识变、科学应变、主动求变，统筹推进稳增长、促改革、调结构、惠民生、防风险各项工作，进一步稳就业、稳金融、稳外贸、稳外资、稳投资、稳预期。持续推进“四大品牌”建设，全力实施“四高战略”，加快推动高质量发展，加快建设现代化经济体系，坚持以改革开放突破发展瓶颈，以科技创新促进动能转换，以核心功能增强竞争能力，以产业升级提高经济密度，以品质生活满足居民需求，以精细管理保障城市安全，在落实重大任务、推进国家战略、深化改革开放的新征程上，发挥开路先锋、示范引领、攻坚突破的作用，奋力开创新时代浦东改革发展新局面。

二、天津滨海新区

图2-3 天津滨海新区实景

（一）2018年工作成效

1.经济社会发展

2018年，天津滨海新区实现地区生产总值7193亿元，规模以上工业总产值增长8%，外贸进出口总额增长8%，其中出口增长12%。战略性新兴产业比重达26.9%，同比提高4.2个百分点；服务业增加值增长5.9%，工业企业利润增长31%；税收占一般公共预算收入比重达88.2%，提高12.8个百分点。群众生活进一步改善，城乡居民人均可支配收入增长5.8%。

2.创新机制体制

功能区改革全面深化。精简内设机构，推行中层以上干部竞聘上岗，初步形成“能上能下”“能进能出”的用人机制。建立评价激励工作办法，实行薪酬与业绩挂钩。东疆保税港区积极推进仓单质押融资、中转集拼等创新模式，船舶管理、航运金融等新兴业态加速聚集。

3. 服务国家重大战略

服务京津冀协同发展取得新成效。全年承接非首都功能疏解项目591个，协议投资额1155.6亿元，中铝采购平台、中航资本等一批央企项目落地。滨海—中关村科技园累计注册企业941家，注册资金104.3亿元，中关村智造大街、人工智能实验室等优质项目相继落户。未来科技城京津合作示范区开工建设。

融入"一带一路"建设取得新进展。天津港至阿拉山口、满洲里、二连浩特3条国际班列保持常态化运营，输送货物7.4万标准箱，增长21.7%。苏伊士经贸合作区、印度尼西亚聚龙产业合作区入驻企业分别为76家和16家。

自贸试验区建设取得新成果。自贸试验区管委会与新区政府合署办公。《中国（天津）自由贸易试验区总体方案》90项任务落地实施，15项经验和3个案例在全国复制推广，《进一步深化中国（天津）自由贸易试验区改革开放方案》128项任务加快推进，完成84项年度任务，提前完成13项下一年度任务。推出80余项贸易便利化措施，95%以上海运货物实现2天入关。国家租赁创新示范区建设扎实推进，租赁总资产突破1万亿元，占全国的25%。

4. 打赢打好三大攻坚战

化解地方债务风险。加强组织领导。区委、区政府坚决落实主体责任，由区政府性债务管理领导小组，负责统筹推进、督促落实隐性债务化解工作。严格控制新增项目。硬化预算约束，加强政府投资项目源头管控，对地方不具备偿还能力、没有明确资金来源和制定融资平衡方案的项目，一律不予审批和开工建设。严格规范融资资金使用。政府债务只能用于公益性资本支出和适度归还存量债务，不得用于经常性支出。在厘清政府和企业责任前提下，允许和鼓励市场化方式融资保障合理资金需求，不得改变融资资金用途。

加大环境污染防治力度。新区空气质量综合指数5.74，同比改善9.9%。中央环保督察交办的任务全部完成整改，市环保督察交办事项办结率98%。72家排放大户二氧化硫、氮氧化物等主要污染物减排10%以上。完成152家重点行业VOCs企业治理，9家32台燃气供热锅炉低氮改造工作。纳入生态环境部名单中的1788家"散乱污"企业，已全部完成整改任务。开展重点水污染源治理，推动落实新污水综合排放标准，排查涉水企业689家。近岸海域达到或优于二类海水水质断面比例66.7%，优于考核目标，整治入海排污口8个，封堵不合理排放口10个。

深入推进脱贫攻坚。扎实开展东西部扶贫协作和对口支援工作，投入8440万元，在青海、甘肃实施援建项目67个，选派97名干部和专业技术人员赴受援地区挂职，青海河南县、甘肃合作市成功脱贫摘帽。安排资金2.64亿元，对44个困难村实施精准帮扶，奶牛托管、肉羊育肥、蕈菌种植等帮扶项目相继落地，22个困难村完成“六化六有”建设任务。

5. 高水平对外开放

截至2018年底，《中国（天津）自由贸易试验区总体方案》90项任务和两批175项自主创新措施基本完成。《进一步深化中国（天津）自由贸易试验区改革开放方案》128项任务已完成97项，占总任务量的76%。自设立至2018年底，区内累计新增登记市场主体5.29万户注册资本（金）1.82万亿元人民币。

推进投资贸易便利化。3亿美元以下境外投资项目由核准改备案，1天办结，累计备案境外企业机构207家。设立国际贸易“单一窗口”，实现与国家版对接应用，具备130多项服务功能，申报效率提高25%。

加快金融开放创新。累计发布8批62个金融创新案例，跨境本外币资金池、外汇资本金和外债意愿结汇、取消A类企业货物贸易收入待核查管理等创新成效明显。

6. 集约节约发展

编制完成《天津市滨海新区土地利用总体规划（2015—2020年）》。提出到2020年，建设用地规模为129876.00公顷，比2014年减少4518.05公顷。严格控制城乡建设用地总量，保障经济平稳较快发展。到2020年，城乡建设用地规模控制在95505.0公顷以内，比2014年减少8072.91公顷，人均城镇工矿用地不高于102.90平方米。

（二）实体经济发展情况

1. 大力推进招商引资，以项目集聚带动要素集聚

新引进内外资项目1064个，实际利用外资34亿美元，内资到位额823.5亿元，增长9%，完成固定资产投资1550亿元。一汽大众华北生产基地、丰田新一线、杰士电池等200个重点项目竣工投产，预计新增产值超过1000亿元。“两化”搬迁、中沙新材料园、周大福金融中心等763个项目加快推进；曙光通用芯片、三星陶瓷电容、大众动力电机等398个项目开工建设，总投资达868.8亿元。PPG涂料全球研发中心、三峡海上风电、新松机器人等一批重大项目签约落户。举办中国绿公司年会、融洽会等重大展会，全景展示新区雄厚的产业基础、崭新的城市面貌、良好的营商环境，

3000余名中外知名企业家会聚新区，新一轮投资热潮强势升温。

2. 以新一代人工智能为战略抓手，抢占产业变革制高点

天河超算、曙光信息、南大通用入选国家大数据产业试点示范项目，集成电路圆片、服务机器人产量增长1倍以上，科大讯飞、深之蓝等一批智能科技企业茁壮成长，自主可控基础软硬件产业链初步成型。空客累计交付A320飞机404架、A330飞机14架，彩虹无人机实现量产，银河麒麟操作系统助力北斗导航卫星发射升空，航空航天装备产业链日趋完整。以力神电池、巴莫科技、中能锂业为代表的动力电池产业规模不断壮大，风电机组产量增长2倍以上，新能源产业步入快车道。开发区、高新区入围国家生物医药产业园区综合竞争力50强，新药研发、合成生物、干细胞技术优势显现，康希诺疫苗投入量产，生物医药基本形成完整产业链条。汽车整车产能达到130万辆，发动机、变速器等配套生产能力大幅提升，汽车全产业链已经打通。电子信息、石油化工、粮油轻工等主导产业规模优势进一步巩固。

图2-4 华泰汽车生产线

（三）2019年工作展望

1. 全力落实京津冀协同发展战略

打造高水平承接载体。加快未来科技城京津合作示范区建设，重点抓好产业承接。中欧先进制造产业园加快实施智能装备、海洋生物医药、海水综合利用等项目，开工建设中欧合作交流中心。航空物流区聚焦航空运输、邮件快递、电子商务等领域，加快形成航空物流生态系统。南港工业区瞄准建设世界级现代化工产业基地目标，推动石油化工、精细化工项目加速聚集，增强产业辐射带动作用。

2. 努力构筑现代产业集聚新优势

精心打造自主可控信息、大数据等人工智能产业链，做强无人机、语音识别等领域领军企业，培育智能装备、工业控制软件等细分领域龙头，提升集成电路、云计算、物联网等领域原始创新能力。大力发展航空装备产业，促进飞机大部件配套本土化，扩大中航民用直升机研发生产。加快推动力神百亿瓦时动力电池、巴莫科技正极材料项目开工建设。建设国家生物医药国际创新园，实施化学药转型、中药现代化、生物制药产业化、健康产业精深化等系列工程，突破合成生物、单克隆抗体药物、互联网医疗、高端养老等领域，培育行业领军企业。

3. 着力深化重点领域改革

积极推进功能区体制机制改革。深化功能区人事、薪酬制度，招商机制改革，建立招商特殊贡献奖励制度，面向市场公开选聘招商人员。深入推进“放管服”改革。加快推进“一制三化”政策落地，推动政务一网通平台与各部门互联互通、数据共享、业务协同。提升政务服务便利化水平，全面推行“马上办、就近办、网上办、一次办”，全面落实“多证合一、证照分离、照后减证”，推进无障碍、无纸化、无人化和无差别审批。

三、重庆两江新区

图2-5 重庆两江新区互联网产业园

（一）2018年工作成效

1. 经济社会发展

2018年，重庆两江新区实现地区生产总值2933亿元，固定资产投资1992亿元，增长12.4%，社会消费品零售总额1220亿元，增长6.6%，一般公共预算收入338亿元，增长9.2%，进出口总值1834亿元，增长11%。

2. 创新体制机制

重庆两江新区直管区新增各类市场主体1.6万余户、增长近30%。全覆盖集中走访民营企业569家、解决问题400余件，“一企一策”帮助长安、力帆等龙头企业脱困。推动企业降本增效，兑付企业税收、产业扶持资金53亿元，创新设立25亿元资金周转池。深化售电侧、供气侧、工业用地差别化供应等改革，社保费率调整为企业减负9.67亿元。深化国资国企改革，明确6户直属国企发展定位、主营业务、功能分类，推动国企横向整合、纵向瘦身，大力开展去僵尸空壳企业工作，截至2018年底，已累计处置僵尸空壳企业49家，国有资本经营预算收入完成9.34亿元、增长41.5%。

3. 服务国家重大战略

融入“一带一路”建设和长江经济带发展，加大铁水、铁公、江海等多式联运整合，“陆海新通道”建设取得新进展。其中，果园港建成中欧（重庆）班列第二始发站，果园港保税物流中心（B型）获批，完成港口货物吞吐量1572万吨、增长25.8%；鱼嘴铁路站升级为国际铁路枢纽站并叠加集装箱到发功能。此外，保税展示交易中心新增“一带一路”国家馆7家，达到15家。

充分发挥核心承载区优势，加快重庆自贸区和中新互联互通项目核心区建设。其中，自贸区核心区复制推广承接全国、全市改革试点任务270项，两江片区签约项目54个、投资650亿元，新增市场主体增长23%、注册资本增长142%；中新互联互通项目累计签约项目45个、102.7亿美元，中新多式联运“1+1”等项目落地，中西部首个在新上市房地产投资信托砂之船REITs成功发行。

4. 打赢打好三大攻坚战

防范化解重大风险，制定《化解地方政府隐性债务实施方案》，完善投融资体制机制，防范化解隐性债务风险和降低投融资风险。制定新区3年降债计划，明确了将债务控制在1000亿元内的目标，三年内降债533亿元。2018年全年债务规模降低154亿元，完成三年降债计划的29%，超额完成降债任务50亿元。打好污染防治攻坚战，坚持生态优先、绿色发展，以改善环境质量为核心，以大气、水、土壤污染治理为重点，全方位、全过程开展生态环境保护工作，全面推进生态文明建设。出台《两江新区污染防治攻坚战实施方案（2018—2020年）》，推进“五大环保行动”，认真落实河长制，消减挥发性有机物5300余吨，空气质量优良天数306天，新增绿化面积150平方米。

5. 集约节约发展

强化城市建设管理，制定全域协同发展暨城市提升方案，实施191项基础设施、155个城市功能补短板项目建设。推进大城智管、大城细管、大城众管，深入开展“马路办公”和城市环境专项治理，打造智慧工地400余个，建成重庆首个示范智慧小区，重庆国博中心海绵城市改造项目入选国家住建部经典案例库。

（二）实体经济发展情况

1. 突出专业、精准、市场化招商，招大商、招强商、招外商

全年签约项目240个、开工投运181个，合同投资1729亿元，其中“智博会”签约项目62个、投资额1081亿元。

2. 以智能制造作为主攻方向

支持企业加强技术改造、产品开发、品牌建设，50余家企业投入100亿元开展智能化改造。汽车产业向智能化和绿色化转型，新能源汽车产量增长2倍；电子产业向“芯屏器核”和智能终端全产业链发展，万国半导体、超硅半导体、奥特斯科技等新增产能近30亿元；装备制造向高端智能化迈进，康明斯发动机、航空钛合金等项目加快落地推进。生物医药集聚企业100余家、完成产值80亿元。云计算产业园集聚九大数据中心、10余个大型云平台，成为西部最大云计算产业基地。商汤科技等企业落户，中科云从等本土企业发展壮大。航天科技低轨卫星、零壹火箭等航空航天项目落地建设，中国首枚民营自研商业亚轨道火箭“重庆两江之星”成功发射。

3. 加快实施创新驱动

大力推动国家自主创新示范区核心区和国家双创示范基地建设，万人发明专利拥有量13件，高技术制造业产值增长18%、占工业产值42%，“新三板”挂牌企业40家。全力打造三大创新平台，两江数字经济产业园新增企业560余家、投资近500亿元，礼嘉智慧生态城2平方公里体验园启动建设，两江协同创新区集聚同济大学、中国科学院大学等10余个项目。

图2-6　重庆两江新区京东方第8.5代TFT-LCD生产线

（三）2019年工作展望

1. 聚焦稳增长，推动工业止滑促增

加快工业重点项目建设。长安新能源汽车产业园开工建设，林肯高端乘用车、新一代翼虎、长安汽车全球研发中心投产投用，支持智能驾驶、智能网联汽车发展。加快京东方第6代柔性屏生产线建设，支持4家智能终端龙头企业争取订单，提升中高端产品份额，推动联创电子、超硅半导体、万国半导体尽快释放产能。

加快智能化改造。制定工业技术改造扶持政策，设立智能化改造专项补贴，在智能制造、绿色环保等方向实施重点技改项目30个以上，建设2个智能园区、5个智能工厂、20个数字化车间，工业技改投资占比力争提高5个百分点。

加快培育新兴产业增量。着力打造研发、制造、检验检测、健康服务全产业链。加大航空航天产业招商力度，打造在国内具有重要影响力的航空航天产业集群。

2. 聚焦稳预期，切实抓好招商引资工作

落地转化一批重大项目。新开工紫光展锐、车和家、忠旺铝合金等重点项目，重点推动今年签约的76个工业项目落地开工。加快推进京东方六代线、长安福特系列技改、上汽红岩扩能等重点项目50个以上。推动金康新能源、万国半导体、航空钛合金一期等新投产项目尽快释放产能。

持续做好企业服务工作。全面落实“122”企业服务工作机制，出台支持实体经济发展意见，理顺部门服务企业职能职责，畅通政企沟通渠道，营造亲商安商稳商的良好氛围。

3. 聚焦稳外资外贸，进一步扩大开放

深化自贸区和中新项目建设。启动中新“1+1”项目建设，争取设立中新金融科技示范区，推动中新合资证券、来福士保险等项目设立，推进新加坡邮政、飞机租赁、万国数据IDC中心等项目落地。

推动保税港区丰富业态和扩大规模。新引进戴尔、华为等知名品牌，投入3亿元实施智能改造，扩大智能终端产品出口。发展业态多元的“保税+”服务贸易，力争跨境电商交易额完成25亿元、国家馆突破20个，扩大飞机保税租赁规模。

提升果园港开放功能。实施果园港铁水联运国家示范工程，推进智能化改造。争取设立开放口岸，畅通南向国际物流通道，实现渝新欧（果园港）班列常态化。重点跟踪好569家外资外贸企业。特别是其中89家世界500强企业，进一步释放产能，增加进出口额度。

四、浙江舟山群岛新区

图2-7 舟山造船工业：全国首艘2万吨级江海直达船

（一）2018年工作成效

1. 经济社会发展

2018年，浙江舟山群岛新区实现地区生产总值1316.7亿元，增长6.7%；固定资产投资增长7.5%；规模以上工业增加值增长6.4%；一般公共预算收入146亿元，增长16.1%；实际到位市外资金450亿元，实际利用外资4.2亿美元。城乡居民人均可支配收入分别增长7.8%和9.8%。

2. 创新体制机制

建设政府大脑，政府“掌上办公”走在全省前列。实施股改上市三年行动，直接融资突破100亿元。开展渔农村宅基地“三权分置”改革试点，完成农村承包地确权登记颁证，新增土地流转3877亩。创建国家级高新区，建设国家知识产权试点城市，新增高新技术企业45家。

3. 服务国家重大战略

积极推进“一带一路”“长三角一体化”等国家战略，自贸区、江海联运服务中心等加快建设。自贸区建设突出制度创新，探索形成59项制度创新成果，6项在全国复制推广。实现国际贸易“单一窗口”申报全覆盖，成为全国首个船舶无纸化通关口岸。获批原油非国营贸易进口配额，船用燃料油供应达到359.3万吨，成为全国第一大加油港，跻身全球十大加油港行列。绿色石化基地一期2000万吨年炼化一体化项目进入基建和设备安装收尾阶段，即将投料试车，实现了“十年任务四年完成”的建设目标。舟山江海联运服务中心建成运营江海直达首制船，实现江海联运运量2.1亿吨。

4. 打赢打好三大攻坚战

打好金融风险防控攻坚战。处置不良贷款100.88亿元，不良率从5.09%降至2.4%。在省内率先完成P2P网络借贷机构清退工作。打好污染防治攻坚战。全力抓好中央环保督察、国家海洋督察反馈问题整改，捧回“大禹鼎”，荣获国家森林城市称号。打好精准脱贫攻坚战。村（股份）经济合作社年收入均达10万元以上，经营性收入5万元以上，低收入渔农户人均可支配收入增长12.1%。

5. 高水平对外开放

国际农产品贸易中心布点建设有序推进，实现农产品贸易交易额167亿元。澳牛进境加工及配套基础设施建设稳步推进。远洋渔业基地远洋（进口）水产品交易市场基本建成，全国首个远洋水产品价格指数平台实现试运行，远洋捕捞总产量超过43万吨，远洋捕捞及相关服务业产值突破100亿元。良海粮油一期120万吨加工项目正式投产。浙台（普陀）经贸合作区完成进境食用水生动物指定口岸建设，并通过预验收。

6. 集约节约发展

集约用地方面，深化“亩均论英雄”改革，试行“岸线论英雄”，开展“标准地+承诺制”改革，完成“标准地”制度供地1094亩，城镇低效用地再开发3263亩，消化批而未供土地5868亩，处置闲置土地7748亩。节能降耗方面，加强节能统筹规划，实施能源消费总量和强度“双控”目标责任评价考核。全年腾出用能2万吨，减少煤炭消费总量2.7万吨，单位GDP能耗比去年下降4.3%，单位工业增加值能耗下降10.4%，八大高耗能占规模以上工业能耗比重下降0.1%。节约用水方面，建立饮用水水源水库水资源统一调度管理制度，实施农业用水总量控制制度和公共用水计划取水制度。海水淡化产业快速发展，已建成海水淡化厂17家，海水淡化项目27个，海水淡化总能力已达到13.7万吨/日。转型升级方面，制定实施船舶工业高质量发展三年行动计划，重点船企重组取得实质性进展，出台绿色修船规范。实施百项“机器换人”智能化改造项目。

（二）实体经济发展情况

1. 加快先进产业招商引资发展

举办第二届世界油商大会、波音全球供应商大会、海岛旅游博览会等活动，促成53个重点项目签约，其中世界500强企业5个；推动托克集团能源合作、象屿集团油品贸易等51个重点项目注册。

2. 传统优势产业改造提升

推进重点船舶企业与央企的重组合作，目前长宏国际与中集集团、增洲造船与武船重工、东邦船舶与招商局重工已经达成重组合作意向，正在加快推进取得实质性进展。同时抓好船舶工业高质量发展行动，引导企业研发制造特种船、海洋工程装备、邮轮等高附加值产品，拓展大型钢构件、石化装备等非船业务，加快船配产业链延伸，推进重点船企合作重组，做到提升一批、转型一批、兼并重组一批。

3. 聚集创新要素推进产业裂变成长

出台相关产业政策，重点推进石化下游产业链、航空装备制造、海洋电子信息、新材料等新兴产业项目集聚新区。围绕打造石化产业集群，绿色石化基地一期2000

图2-8 舟山LNG接收及加注站

万吨/年炼化一体化项目顺利进入基建和设备安装收尾阶段，常减压装置进入试运行，初步实现了“十年任务四年基本完成”的建设目标。基地上下游产业链国际化招商全面推进，成功引进乙烯副产品综合利用项目，加快二期项目推进，启动三期项目筹备工作。围绕打造航空产业集群，出台支持航空产业发展的政策，创造舟山速度，综保区空港分区顺利通过海关总署验收，工银租赁SPV公司顺利开展飞机融资租赁业务。

（三）2019年工作展望

1. 以国家战略为基石推动新区能级提升

主动融入长三角区域发展一体化战略。以洋山开发、舟山至上海跨海通道项目为基础，谋划甬舟合作示范区、舟沪合作示范区。积极承接上海、杭州、宁波等优质公共资源及产业转移的“溢出效应”。全力推动自贸试验区提档升级。启动建设浙江自贸试验区2.0版，争取更大改革赋权落地。

2. 以产业转型升级为抓手推动经济持续发展

改造提升传统产业。大力实施船舶工业高质量发展三年行动计划，加快重点船企重整重组和兼并重组。加快现代港口物流业发展，全年实现港口货物吞吐量5.3亿吨。

3. 以体制机制改革创新作为高质量发展的支柱

实现企业投资项目开工前审批“最多90天”，争取所有民生事项和企业事项开通网上办理，70%以上民生事项实现“一证通办”，60%以上政务服务事项实现“掌上办理”，企业开办全流程实现1个工作日办结。全面规范涉企保证金，专项治理对企业收费行为，清理政府、国有企业欠账，进一步降低工商业电价。推动低效土地、岸线、厂房、企业“腾笼换鸟”。启动规模以上服务业企业、开发区（园区）、特色小镇亩均效益评价工作，力争规模以上工业企业亩均税收和亩均增加值增速均超过7%。

五、兰州新区

图2-9 兰州新区二号湖

（一）2018年发展成效

1. 经济社会发展

2018年，兰州新区实现地区生产总值205亿元，增长16%；完成固定资产投资308亿元，增长19.4%；社会消费品零售总额36.56亿元，增长14.8%；一般公共预算收入15.2亿元，增长15.6%；城镇居民人均可支配收入30792元，增长10%；农村居民人均可支配收入11020元，增长10.5%。

2. 创新体制机制

深化金融体制改革。建立实体经济企业库，推行“政府部门协调、金融机构授信、优质企业增信”的运作新模式，加大担保增信力度，多方位为诚信企业提供优质高效、低费率的金融服务，帮助15家企业获得授信及意向性融资协议金额234亿元，成功协调省金控集团为68个项目、46家企业担保申请特色产业贷款。积极争创国家绿色金融改革创新示范区，探索政金企合作支持实体经济发展的新路径。

深化国资国企改革。通过国资重组、参股等方式与31家企业合作经营。七大集团资产总额由改革前448亿元增至931亿元，年经营收入从0.2亿元增加到272亿元，年利税从400万元增加到11.8亿元，资产、营收、利税倍增，实现规模化、实体化、集团化发展。

深化城市管理市场化改革。推动城市管护、生态建设、污水固废处理、消防物联网远程监控等公共服务市场化、企业化运营和智能化管理，全面取消管理性事业单位，以不足其他市州1/5的管理人员，实现了市州一级城市高效优质管理运营。

实施创新驱动战略，积极培育新动能。建成兰石能源装备技术实验室、李灿院士专家工作站等创新创业平台29个、人才培育平台11个，全社会研发投入占GDP的比重达到3.06%。产业孵化大厦新入孵企业117家，实现产值25.98亿元，跻身国家级科技企业孵化器A类行列，荣获“科技创业孵化贡献奖”。与兰州大学、中国科学院近代物理研究所等一流科研机构合作，引进二氧化碳加氢合成甲醇工业化示范装置、医用同位素药物研发生产基地等重大科技成果转化项目，兰石自主研发的3000马力压裂车组实现市场化，全年转化科技成果151项。

3. 服务国家重大战略

打造综合枢纽优势。形成航空、铁路、公路立体通道物流体系和三大开放平台，与“一带一路”沿线多个国家建立经贸往来关系，在首届中国进口博览会上，23家企业与俄罗斯、阿根廷、德国等国签订11亿元进口订单，进出口贸易额达到54.2亿元人民币。

打造信息化高速通道。加快推进“丝绸之路信息港”建设，与新加坡太平船务集团合作建立了中药材、日韩汽车配件及集装箱中转的信息平台，贯通了东南亚至中亚国家的内陆通道。在英国、俄罗斯等国设立海外仓库，与发达国家建立最直接的商贸渠道。

4. 打赢打好三大攻坚战

防范化解重大风险。多方筹集资金按时偿还20.42亿元的政府债务，未发生债务逾期现象。争取新增债券到位资金5亿元。组织开展全口径政府债务统计工作，摸清隐性债务底数，并在综合考量新区财力承受能力基础上，制定了10年隐性债务化解方案，严防新增隐性债务风险。

脱贫攻坚成效显著。统筹整合涉农资金1.29亿元，大力推进农民职业技能培训、农村危房改造、控辍保学等工作，做到有劳动能力的建档立卡贫困户、脱贫不稳定户全覆盖。全年实现276户、986人脱贫，578人实现稳定就业，贫困发生率降到0.5%以内。

抓好污染防治。对重点污染源、施工扬尘、污染物防治设施、危险废物处置等进行全方位监管，全年累计检查157次，下达责令改正违法行为决定书35份，行政处罚5件。共争取省级大气污染防治资金300万元，空气环境质量良好以上天数达80%以上，实施饮用水源地保护工程，水质达标率100%。

5. 高水平对外开放

坚定不移推进向西开放战略，深度融入国际陆海新通道，大力发展外向型经济。

积极开展自由贸易实验探索。兰州新区综保区作为全省首家中国（甘肃）国际贸易“单一窗口”试点单位，已率先启用国际贸易“单一窗口”标准版，创造了“当日申报、当日验关、当日放行”的出口记录，缩短通关时间，促进贸易便利化。推进“批次进出，集中申报”“集中汇总纳税制度”“简化无纸化通关随附单证”“第三方检验结果采信”等7项通关制度，缩短了非抽检批次出口产品通关放行时间。

形成口岸经济集聚区。扎实推进跨境电商综试区试点，先后启动跨境电商监管中心、肉类口岸、冰鲜海产品及热带水果等特殊口岸运营，开通兰州至河内、曼谷货运航线，进口货物种类由生活物资扩展到木材、肉类、电解铜等大宗商品，口岸经济基本形成。综合保税区转型发展，新增33家企业1.3亿元投资，加工贸易由原来单一电子产品向进口粮油、民族服饰、农产品、木材加工等多业态发展。

打造合作交流新平台。组团参加广交会、深交会、药博会等全国大型招商推介会10余次，引进项目105个、总投资556.3亿元，掀起新一轮投资热潮。接待英国、以色列等国外客商49批600多人次、省内外考察630批上万人次，全景展示了新区良好的营商环境。

6. 集约节约发展

严格依据已编制的兰州新区总体规划、控制性详细规划以及各专项规划做好规划管理工作，实现规划编制与管理的标准化、规范化，切实解决兰州新区产业用地规模控制等实际问题，并组织编制了《兰州新区城市规划管理技术规定（试行）》。

（二）实体经济发展情况

兰州新区实体经济主要发展以下六大产业：

大数据和信息化产业。利用新区气温低、电价低、空气干燥等优势，集中引进华为、中科曙光等大数据产业项目20多个，着力打造大数产业园。兰州新区国际互联网数据专用通道全面建成，丝绸之路信息港股份有限公司在新区成立并开展业务。全年信息化产业固定资产投资完成16.04亿元，拉动固定资产投资提高5.3%。

新材料产业。引进落地九江德福、北京天成等有色金属深加工产业项目，努力打造技术先进、全产业链铜铝新材料加工基地。2018年，新材料产业产值占工业总产值比重达到60%以上。

精细化工产业。批复设立100平方公里精细化工产业园区，一期30平方公里全面启动建设，配套基础设施项目加快推进。引进产业项目49个，7个已开工。

新能源汽车产业。全省4家新能源汽车企业全部落户新区并建成投产，设计产能15万辆，产品涵盖新能源客车、乘用车、物流车、特种车辆等各类车型。兰州广通首台新能源客车成功下线，成功收购重组塞尔维亚伊卡布斯公交车厂。知豆成为西北第一个取得新能源汽车生产资质的企业。

先进装备制造产业。已落地兰石、兰泵、亚太立体停车、甘肃建投、中科院大科学装置和重离子加速器项目等先进装备制造产业项目122个，建成投产项目54个，年产值65亿元，高端装备制造基地基本形成。

生物医药产业。加快建设“西部药谷”，新落地生物医药项目6个，新建成3个，初步形成了集现代中药、生物制药、化学制药、医药物流等于一体的基本完善的医药产业链。凯博药业生产的动脉止血贴在伤口止血技术方面已处于国际领先地位，和盛堂被评为国家级技术创新示范企业。

图2-10 兰州新区知豆新能源汽车

（三）2019年工作展望

1. 深入推进综合改革

充分发挥“先行先试”政策优势，持续推进“放管服”、金融体制、国资国企等重点领域改革，加快推进管理机构、教育体制、区域性增量配电和公车改革等关键改革，不折不扣完成中央、省市提出的各项改革任务，全面抓好《兰州新区深化改革推动高质量发展实施方案》落实，不断降低制度性交易成本和生产性经营成本，着力优化营商环境，打造深化改革的新标杆、先行先试的新典范。

2. 狠抓项目谋划和入库工作

2019年，固定资产投资共谋划项目301个，总投资1621亿元，年度计划投资322亿元。

3. 切实抓好工业经济

加快构建落实十大生态产业体系部署，瞄准工业发展前沿领域，实施工业强区战略和产业“倍增”计划，做大做强工业产业。力争全年新开建工业项目46个，投产项目7个，投资60亿元以上，实现工业总产值340亿元，增长30%。

4. 构筑向西开放高地

深度融入“一带一路”建设，进一步完善“三大平台”功能，加快建设空铁海公多式联运示范工程，争取进境粮食口岸获批并实现常态化运营。建立一批海外仓和境外展示中心，积极创建临空经济示范区。努力争取获批中国（兰州）自由贸易试验区，构筑向西开放新高地。

5. 深入实施创新驱动发展战略

实施兰泵钍基核能系统储能用超高温熔盐泵研发、广通新能源新型纯电动汽车开发和产业化等科技项目200个以上。

六、广州南沙新区

图2-11 广州南沙新区明珠湾起步区

（一）2018年工作成效

1. 经济社会发展

2018年，广州南沙新区实现地区生产总值1458.4亿元，增速超过广州市平均水平，地方一般公共预算收入75.2亿元，增长16.3%；其中，税收收入555.7亿元、增长17.7%，增速居广州市各区之首。新增市场主体4.2万户、增长58%，新增注册企业3.8万户、增长76.2%，新设外资企业增长3.3倍，注册资本1亿元以上企业增长3.86倍，市场活力不断激发。规模以上工业产值2421亿元，增长7.8%，其他营利性服务业营收增长50%左右，实际利用外资9.6亿美元，新引进36个世界500强企业投资项目（累计135个）。

2. 创新体制机制

高新技术企业数量增长42%（新增173家），科大讯飞华南人工智能研究院、广州市智能软件产业研究院2家机构获批省新型研发机构，研发占比突破3%，专利申请增长约98.5%（9875件）。落户中科院南海生态环境工程创新研究院、南方海洋科学与工程省实验室，启动建设深海科技创新中心基地，形成了海洋重大科创平台集群。出台人工智能三年行动计划，广州国际人工智能产业研究院已进驻56个高端人才团队，科大讯飞、中科院智能软件研究院等四个人工智能开放平台正式运营。“广东医谷”入驻102家生物医药等企业。珠三角北斗卫星应用示范项目正式启动。华南技术转移中心、南沙创业投资引导基金作用投入运作，落户广东海丝研究院。

3. 服务国家重大战略

建立推进大湾区建设的工作体系，粤港产业深度合作园等纳入中央领导小组会议储备议题，启运港退税、个人所得税补差等纳入财政部支持政策。庆盛交通枢纽综合体等重点项目加快推进，成立穗港澳“一带一路”企业合作联盟。深化粤港科技合作，出台对港澳人才专项扶持奖励政策，落户香港科技大学（广州），依托霍英东研究院建立国际智能制造平台，依托粤港澳（国际）青年创新工场、“创汇谷”粤港澳青年文创社区等港澳青年合作平台，入驻83个港澳青创团队。推出160项“湾区通办”政务服务事项。新设港澳企业1504家（累计2872家）、投资额496亿美元，分别增长7倍和6倍。深化与大湾区重点区域合作，与中山翠亨新区、佛山顺德区签署战略合作协议。

4. 打赢打好三大攻坚战

推动重大风险防范化解。完善风险防控工作机制，制定了《南沙区涉众金融领域社会矛盾专项治理工作方案》《南沙区金融领域扫恶除黑专项斗争工作方案》《广州市南沙区网贷平台风险应急处置工作方案》《广州南沙开发区（自贸区南沙片区）、南沙区对非法集资举报奖励的办法》等文件，理顺各部门的协同联动工作职责，充分发挥广东省地方金融风险监测防控平台在南沙试点功能，将全区金融（类金融）企业及部分涉众敏感企业共30318家纳入平台进行网络舆情监控，2018年通报风险隐患41宗。组织区内相关单位开展对P2P机构、首付贷、现金贷、ICO和虚拟货币交易场所清理整治等互联网金融风险专项排查工作，以及区内风险隐患企业的核查工作。

推进精准脱贫攻坚工作。南沙负责对口帮扶贵州省黔南州贵定县、惠水县、龙里县（以下简称“三县”）扶贫协作工作。南沙共派出9名干部在黔南州三县；23名院长和医师到三县医疗机构挂职支援，区卫计局共派出专业技术人员53人次到三县挂职或开展医疗协作工作；区教育局共派出校长和教师63人次到三县挂职或开展教育协作工作。资金方面，2018年广州市共向三县拨付财政援助资金每县4500万元，南沙共支持帮扶资金7786.98万元，其中财政资金6950.28万元，社会资金836.7万元。

打赢污染防治攻坚战。大气污染防治方面，继续推进高污染燃料整治，已淘汰20蒸吨以上高污染燃料锅炉3台，23台生物质锅炉安装并联网，2018年PM2.5均值28，空气质量全市第二。水污染防治方面，全面落实河湖长制工作，制定河湖长制实施方案，36名区级河（湖）长带头巡河（湖），推进全区302条河涌整治，潭州滘等黑臭河涌整治取得阶段性成果，实现农村生活污水处理设施全覆盖，外江水质均达II或III类。

5. 高水平对外开放

制定实施南沙片区90项任务清单。新增105项改革创新成果，其中17项、16项、31项分别在国家和省、市复制推广。投资贸易便利化水平进一步提升，推出商事登记确认制、证照分离2.0、国际营商通、"一口受理，五十证联办"等标志性改革，建成"线上海关"样板间，全球溯源体系将在APEC成员国推广复制。"放管服"改革深入推进，企业投资项目从取得土地到拿到施工许可实现最快15个工作日完成审批，"带设计方案"项目实现"交地即开工"，政务服务事项60%（1125项）实现"零跑动"，政务服务总体满意度全市第一。法治化营商环境不断优化，自贸区法院获全国优秀法院荣誉称号，全国首创"属实申述""社会服务令"改革举措，大湾区暨"一带一路"法律服务集聚区挂牌。

6. 集约节约发展

在蕉门河、明珠湾全面推行城市总设计师制度，引入国内外一流设计团队，优化提升明珠湾起步区、南沙湾、庆盛枢纽等片区规划。设计方案初步完成，落户国际风投中心、国际贸易中心等一批产业项目。启动城市更新工作，实施金洲冲尾、东湾、坦尾等旧村改造和15个老旧小区改造。超额完成市下达的250万平方米违法建设治理任务。

（二）实体经济发展情况

1. 招商引资成果丰硕

全年新增市场主体4.2万户、增长58%，新增注册企业3.8万户、增长76.2%，新设外资企业增长3.3倍，注册资本1亿元以上企业增长3.86倍，市场活力不断激发。其他营利性服务业营收增长50%左右，实际利用外资9.6亿美元，新引进36个世界

500强企业投资项目（累计135个）。

2. 高端制造业取得新进展

南沙国际人工智能价值创新园区成为全省首批人工智能产业园区，落户130多家人工智能企业，云从科技、小马智行成为“独角兽”企业；恒大纯电动汽车生产基地动工建设，落户广汽丰田第四生产线、广汽蔚来、芯聚能、联晶智能等一批汽车产业链项目，获批国家级智能网联汽车测试示范区，加快建设智能网联汽车产业园；海尔智能制造中心开工建设，一品红药业生产基地、北京精雕数控机床研发生产基地等一批民营企业重点产业项目陆续开工。

3. 科技产业创新迈上新台阶

全年高新技术企业数量增长42%（新增173家），科大讯飞华南人工智能研究院、广州智能软件产业研究院均获批省新型研发机构，研发占比首次突破3%，专利申请增长约98.5%（9875件）；落户中科院南海生态环境工程创新研究院、南方海洋科学与工程省实验室，启动建设深海科技创新中心基地，形成了海洋重大科创平台集群；广州国际人工智能产业研究院已进驻56个高端人才团队，“广东医谷”入驻102家生物医药等领域企业；珠三角北斗卫星应用示范项目正式启动；华南技术转移中心、创业投资引导基金投入运作，粤港澳（国际）青年创新工场、“创汇谷”入驻83个港澳青创团队，集聚了一批高精尖缺人才。

图2-12 世界梦号邮轮南沙启航

（三）2019年工作展望

1. 以推进规则相互衔接为重点，着力推进粤港澳全面合作示范区建设

坚持设施“硬联通”和机制“软联通”并举，借鉴引入港澳国际化标准规则，创新与港澳及周边地区联动发展的新机制新模式，共建面向“两个市场”、配置“两种资源”的开放共享新平台，推动形成全面开放新格局。

2. 以创新型产业体系建设为抓手，着力推动经济高质量发展

面向全球集聚资源要素，突出总部经济、数字经济、绿色经济、海洋经济发展导向，强化主导产业引领、龙头企业带动、重大平台依托、产业生态支撑，构建具有竞争力的现代产业体系。

3. 以营商环境改革为牵引，着力推动全面深化改革取得新进展

以粤港营商环境建设合作试验区建设为抓手，率先在投资贸易便利化自由化、市场运行秩序、政府管理服务、法治保障等方面取得突破，力争3年内营商环境达到全球先进国家和地区水平。

七、陕西西咸新区

图2-13 陕西西咸新区局部鸟瞰图

（一）2018年工作成效

1. 经济社会发展

2018年，陕西西咸新区实现地区生产总值382亿元，增长13.3%，位居全省第一。一般公共预算收入完成51.97亿元，增长48.4%，排全省第一。税收占比85.28%，高于全省、全市平均水平。服务业增加值增长15%，民间投资增长60%，引进内资344.61亿元，民资282.15亿元，央资284.79亿元，实际利用外资3.72亿美元。

2. 创新体制机制

抓住托管代管契机，建立了新区独立的财政管理模式和土地“直通车”渠道，实现了新区独立土地报批、供应和办证。优化新区—新城—街镇三级管理体系，设立了8个综合性委员会和19个内设部门管理服务机构。以建设国家“双创”示范基地为引领，加快沣东科统基地、硬科技小镇等协同创新平台建设，建成众创空间载体44个，建设面积455.8万平方米。大力培育科技小巨人，全年新增科技型中小企业160家、高新技术企业38家、小巨人企业55家。一园两地的中俄丝路创新园俄方园区、中方园区顺利开园，聚集了俄罗斯立德集团等16家俄罗斯企业和陕汽集团等6

家中方企业。

3. 服务国家重大战略

着力构建国际航空物流枢纽。以“航空物流、航空服务、航空科技”为重点，13家航空公司区域总部、66家国内外物流企业、27个航空维修项目先后落地，一条以西咸为中心、布点陕西、辐射西部乃至“一带一路”的临空经济走廊正在形成。

着力构建国际产能合作中心。中俄丝路创新园中方、俄方园区相继开园，中方园区引入立德国际创新中心、广东独联体科技企业合作促进会及十余家涉俄企业，俄方园区与莫斯科大学科技园签署合作协议，“一园两地”模式更加成熟。全面建成陕西省“走出去”一站式服务平台，与美国、澳大利亚等发达国家及哈萨克斯坦、马来西亚等“一带一路”沿线国家相关机构建立合作网络。秦汉鲜花港、秦御茯茶等优势企业与日本大田花卉株式会社、哈萨克斯坦等“一带一路”沿线国家深入合作。

着力构建国际文化旅游中心。“一带一路”语言服务及大数据平台、“一带一路”沿线国家数字博物馆等创新成果在全国复制推广，争取西北唯一一个非特殊用途化妆品审批改备案试点、中外合资旅行社审批流程改革试点，推出首个文化交流项目《我的小伙伴》，全方位服务陕西省“一带一路”建设。

4. 打赢打好三大攻坚战

坚持把脱贫攻坚作为重大政治任务。2018年的脱贫任务圆满完成，贫困户人均纯收入达到20394元，贫困村集体经济收入实现超5万元的年度目标，贫困发生率低于全市平均水平。

坚持把污染防治作为重大民生工程。以中央、省环保督察整改落实为抓手，编制新区打赢蓝天保卫战三年行动实施计划和2018—2019年大气污染综合治理秋冬季攻坚方案，加大散煤、扬尘、臭氧、“散乱污”等重点问题整治，综合整治“散乱污”企业4595家。率先组织编制大气污染源排放清单，开发大气污染防治调度指挥中心系统平台，实施大气污染防治综合调度。城乡居民清洁能源替代共7.17万户，改造、淘汰锅炉共144台，煤炭削减累计完成29.69万吨。碧水、净土保卫战扎实推进，渭河、沣河水质达到地表水III类标准，泾河水质达到省控III类标准，太平河水质达标，城市集中式饮用水水源地水质达标率100%。积极争取国家“无废城市”建设试点，在全省率先开展“2018清废行动”。

坚持把防范风险作为头等大事。制定出台《陕西省西咸新区政府性债务管理暂行办法》和《陕西省西咸新区地方政府性债务风险应急处置预案》，守牢不发生重大风险底线，严厉打击非法集资、金融诈骗等违法活动，新区未发生严重影响经济秩序案件。

5. 高水平对外开放

高水平推进自贸区建设。以制度创新为抓手，完善新区自贸政务服务平台功能，52项自贸试点任务全部完成，大力推进“走出去”一站式服务平台应用，出台鼓励云端（虚拟）自贸产业园类平台企业建设发展的试行办法。自贸区新增注册市场主体3820家，新增企业2835家（外资企业37家），新增注册资本1318.92亿元。

加快建设西安国际航空枢纽。临空经济示范区获得国务院批复，明确赋予西安机场行使第五航权，为新区发展带来了政策新机遇。新开通（加密）7条国际、国内货运航线，客运量达到4395万人次。

深化国际交流合作。中俄丝路创新园中方、俄方园区均开园。联合海关推行“AEO认证免检，定制化通关服务”等举措，进、出口通关时间快于全国平均水平23%、32%。全年进出口总值超过10亿元。建立服务贸易跨部门协调机制、落实技术先进型服务企业所得税优惠政策等5项服贸试点经验在全国推广示范；“一带一路”语言服务标准体系及大数据平台、微信办照等4项自贸试点经验在全国复制推广；“一带一路”沿线国家文物数字化交流合作平台、“云端自贸区”新模式等5项自贸试点经验在全省复制推广。

6. 集约节约发展

坚持规划引领，优化城市空间布局。建立城乡一体、多规合一的规划管理体系，实现了控制性详细规划和城市设计的全覆盖。

坚持生态优先，彰显城市绿色魅力。筑造绿色、生态发展基底，按照“300米见绿、500米见园”的目标，持续开展植树增绿、水系建设和污染治理，系统推进无煤城市、无废城市、海绵城市建设，积极探索中深层地热供热、清洁能源综合利用、绿色建筑等技术，形成城市森林化、城区园林化、通道绿荫化的城市生态新格局。

（二）实体经济发展情况

1. 狠抓招商引资

全年引进世界500强企业11家，国内500强企业12家，高品质酒店8个，百亿元项目9个，引进校友经济3亿元以上合同项目5个，丝博会西咸专场签约744亿元。

全球首个洛克菲勒文化中心、国内首个柔性半导体服务制造基地、三一西安产业园、菜鸟智慧物流等一批重大项目落户新区。

2. 着力抓好项目建设

编制《西咸新区产业发展规划（2019—2025年）》，出台文化、工业、科研、金融、旅游等产业政策5项。419个重点项目全年完成年度计划投资的124.5%。PPP项目综合排名全市第一。

3. 大力培育创新主体

出台新区科技小巨人培育方案和备案管理办法，全年新增科技型中小企业160家、高新技术企业38家、小巨人企业55家。成功获批4个市级科技企业孵化器，组织申报2个省级、3个市级院士专家工作站，要素资源的集聚能力稳步提升。

4. 不断优化工业结构

深入推进供给侧结构性改革，狠抓碳排放、煤炭削减、能耗“双控”等工作，煤炭削减累计完成29.69万吨，完成率达129.1%。扎实推进4595家“散乱污”企业综合整治，精准识别1428家改造提升类企业，引导中小微企业入园发展，支持本地企业做大做强。

图2-14 西咸新区科技创新港

（三）2019年工作展望

1. 聚力新兴产业发展，构建招商引资新格局

围绕六大主导产业，抓紧编制完善新区产业发展规划，各新城、园办同步编制专项产业发展计划，打造各自产业“标签”。抓紧研究出台一系列企业扶持政策，包括支持企业改造升级、扩能增效、技术创新等方面，建立起对不同类别产业、不同发展阶段企业的差别化政策扶持体系，着力调整产业结构，推动高质量发展。加大招商引资工作力度，建立健全统筹协调、全员参与、目标考核、项目评估工作机制，形成抓大聚小、全面推进的招商格局。

2. 持续优化营商环境，大幅提升新区吸引力

立足企业需求，做优从公司开办、到水电气热、到金融支持等全流程服务，做实新区全领域、全员化齐抓营商环境的工作机制、服务标准和指标体系，抓好城市公共服务配套、行政效能体系改革等重点工作。构建亲商扶商安商富商的机制，特别是重视对已入区企业的帮扶，对一些规模大、潜力大的企业逐个制定个性化服务措施，帮助企业改造升级、做大做强。严格落实好“实施更大规模的减税降费”的政策，积极争取工业用电价格下调，降低企业经营成本，让企业有更多获得感。

3. 强化改革创新意识，充分释放体制机制活力

鼓励先行先试、敢闯敢试，积极探索创新城市发展方式的西咸路径。深入实施“双创”，协同推进国家级试点示范，加快重大科创平台和科技成果转移转化示范带建设，打造丝绸之路经济带科技创新谷。高标准抓好临空经济示范区建设，聚力打造全省枢纽经济、门户经济、流动经济的先行区。高水平推进自贸区建设，重点推动投资贸易便利化、金融创新服务实体经济。深化代管托管体制机制改革，加大“放管服”改革力度，加快实施人才带动战略。

八、贵州贵安新区

图2-15 贵州贵安新区白马立交

（一）2018年工作成效

1. 经济社会发展

2018年，贵州贵安新区实现地区生产总值138亿元，增长12.9%。规模以上企业工业总产值完成251.5亿元，增长36.3%。一般公共预算收入完成20.2亿元，增长25.8%。年末金融机构存贷款余额分别达211亿元、159.9亿元，分别增长3%和39.2%。

2. 创新体制机制

国家绿色金融改革创新试验区建设加快推进，绿色金融港一期基本建成、二期启动建设，综合性绿色银行加快筹建。融建模式、管理模式、财政管理方式、国有企业、资源配置方式“五大转型”迈出实质性步伐。持续深化“放管服”改革，新增市场主体6843户、注册资本931.66亿元。

3. 打赢打好三大攻坚战

新区扎实推进防范化解重大风险攻坚战，全面落实债务管理“七严禁”，建立健全“责权利”相对等、“借用还”相统一的债务管理机制，初步走出了一条“双保双防”（保速度效益防债务风险、保融资到位防资金断链）新路子。大力推进精准脱贫攻坚战，深入开展脱贫攻坚“春风行动”和“夏秋攻势”，狠抓“五个专项治理”，建成农村“组组通”公路131.6公里，贫困发生率下降至0.7%，远低于国家3%的标准，实现整体脱贫。坚决打好污染防治“三大战役”，空气质量优良率保持在98.5%，饮用水源保护区水质达标率100%，土壤质量总体安全；加快海绵城市试点建设，深入实施“绿色贵安行动计划”，完成植树造林10.5万亩，松柏山水库、云漫湖获批国家级森林康养基地。

4. 推进高水平对外开放

抢抓获批国家深化服务贸易创新发展试点机遇，深入推进以服务业为主体、大数据与服务贸易融合发展的“一体两翼”模式，国际贸易“单一窗口”系统上线运行。挂牌成立贵安新区海关，推动海关与贵阳机场口岸、深圳皇岗口岸通关一体化，对外开放口岸功能加快形成，节约物流成本40%以上。成功举办中国–东盟教育交流周等重大开放活动，对外开放水平不断提高。实际利用外资总额达4.4亿美元，增长228.7%。

5. 促进集约节约发展

遵循现代规划理念，不“摊大饼”，只“蒸小笼”，在编制完成总体规划、控制性详细规划等规划的基础上，结合城市发展实际情况以及建设时序，新增完成《贵安新区直管区中央活力区地下空间详细规划》《贵安新区直管区村庄规划》《贵安新区直管区乡村道路组组通专项规划》等专项规划编制，制定出台《贵安新区直管区规划公示公开管理办法》《贵安新区直管区控制性详细规划调整管理办法（修订）》《贵安新区城市设计管理办法》等规划管理办法，有效指导新区开发建设。加快推动“两规合一”试点，逐步形成生产和生态空间以土地部门要求为准、生活空间以规划部门要求为准的总体原则，统一划定“三生空间”，探索形成“两规合一”贵安样板。

（二）实体经济发展情况

1. 强力引进重大项目

新区大力开展产业大招商突破年专项行动，引进带动性、引领性和高成长性项目71个，项目签约金额118.4亿元，“千企引进”企业52家，新引进500强企业1家，开工项目35个，投产项目30个，招商引资省外到位资金141亿元。通过全力招商引资，有效优化了投资结构，民间投资完成99.9亿元、增长373.9%，对投资增长贡献率达455.9%，民间投资逐渐成为拉动新区投资增长的重要支撑。

2. 着力深化供给侧结构性改革，主攻以大数据为引领的高科技产业

全年大数据产业规模达376.1亿元、增长10%，电子信息制造业总产值完成234亿元、增长38.9%，高端装备制造业总产值完成27.5亿元。一批标志性项目加快建设，华为七星湖数据存储中心、腾讯贵安七星数据中心加快推进，苹果公司iCloud数据中心场平回填工程正式开工，国家电子政务云数据中心南方节点在新区挂牌，新区被中国数据中心产业联盟评为“最适合投资数据中心的城市和地区”。抓住以华为扩大产能布局为契机，加快智能终端产业链聚集，生产手机3131.8万台，生产浪潮服务器8.5万台、增长270.6%。华芯通第一代服务器芯片“昇龙4800”量产上市。投资30亿元、产能70万片的中航发飞机涡轮叶片、泰邦生物制药等重大项目加快推进。

图2-16　贵州贵安新区茶叶采摘

（三）2019年工作展望

1. 全力以赴建好大学城

将大学城作为新区开发建设主战场、主阵地，按照“人才高地、科创基地、生态园地”发展定位，大力实施八大建设发展行动计划，加快打造一流现代化新型城市。

2. 做强产业带

全面加快沿黔中大道的开发建设，以高科技、高税收产业为主攻方向，迅速集中布局一批产业项目和创新要素，打造最有爆发力的产业发展轴带，做大做强实体经济，切实增强新区发展实力。

3. 谋划“一城一带”实施路径

围绕新区发展战略转移，优化调整资源要素配置，找准突破口，选准发力点，推动“一城一带”建设尽快落实见效。

4. 全方位、多层次、宽领域扩大开放，最大限度释放高质量发展活力

搭建对外开放平台。推动湖潮铁路口岸建设，探索设立综合保税区虚拟口岸，积极申报内陆自由贸易试验区，精心办好或积极参加数博会、贵洽会、东盟教育交流周等重大开放活动。深化服务贸易创新发展。推动服务贸易管理体制、促进机制、政策体系、监管模式等先行先试，持续探索大数据、云计算、互联网与服务贸易“一体两翼”融合发展新模式，加快建设贵安综合保税区、花溪大学城、绿色金融港3个服务贸易核心集聚区。加强区域合作。主动融入“一带一路”、长江经济带、粤港澳大湾区建设等国家战略，加快中日产业园建设，加强与京津冀、长三角、珠三角等重点区域城市和其他国家级新区的常态化互动交流合作。

九、青岛西海岸新区

图2-17 青岛西海岸新区风貌

（一）2018年工作成效

1. 经济社会发展

2018年，青岛西海岸新区实现地区生产总值3517亿元，增长9.8%；一般公共预算收入增长7.8%，固定资产投资增长10%；居民人均可支配收入4.3万元，增长8.7%；荣获国家级荣誉称号40余项，综合实力位居19个国家级新区前三强、全国百强区第七名。

2. 创新体制机制

健全行政管理体制。稳步推进党政机构改革，海洋高新区、农业示范区、交通商务区、旅游度假区四个管理机构正式批复设立。成立灵山湾影视文化产业发展理事会，组建灵山湾影视局（筹），逐步向法定机构过渡。成立古镇口军民融合理论研究院、军民融合学院等机构，助推实施军民融合发展战略。

健全改革推进落实机制。调整新区全面深化改革领导小组成员，设置8个专项小组人员，强势推进改革。实行“清单制”和“责任制”，每年制定改革要点或重点任务分工，理清责任链条、压紧压实责任。工委改革办定期督察调度重大改革方案落地见效和改革试点探索情况，创新全程留痕、亮灯管理、结果自动汇总的电子化“三督察”机制。

创新“双招双引”工作机制。提升人才集聚效应，深化国家引智示范区、省人才改革试验区建设，搭建战略平台、园区平台、事业平台、环境平台“四大平台”，出台“梧桐树”聚才计划20条新政，人才总量达到53万人，其中院士47人、省级以上各类高端人才496人。

创新司法和社会治理服务。深化社会治理创新，建立“1+4”体制架构，明确社会治理工作委员会和四个专门委员会的职务分工，建立部门联勤、联动、联管工作机制，做实“1名网格长+1名专职网格员+N名专业网格员”的网格运行体系，建成并规范运行100个社会治理工作站。创新公众投诉受理方式，建立“一号通”部门上线受理机制，受理群众诉求办结率99.7%。今年以来，全区网格排查隐患24万余件，累计处置突发事件1000余件，化解信访矛盾120余件。深化城市管理体制改革，将相关养护作业管理权、城市维护费使用权、城市管理执法权下放街道，70%的城管执法人员下沉镇街，厘清了城市管理责任清单和综合行政执法权力清单，切实提高了城市管理质量和水平。开展“城市精细化管理年”活动，推动街长制真正落实落地，分行业出台精细化管理方案，组织开展行业管理达标和示范创建活动。健全安全生产联合执法检查、安全生产失信惩戒等“六大机制”，开展安全生产常态化巡查，将发生生产安全事故的7家企业列入“黑名单”。今年事故起数、死亡人数同比分别下降24%和34.6%，未发生较大及以上生产安全事故。深化司法体制改革。严格落实司法责任制，按照“员额法官+法官助理+书记员”的模式，组建41个新型审判团队，实行扁平化管理。创新构建“大调解、大速裁”工作格局，选聘30名专职调解员入驻委托调解中心开展调解工作，重新组建了5个速裁团队。

3. 服务国家重大战略

积极融入共建“一带一路”，规划建设中俄地方合作园等平台，并与11家俄罗斯相关机构和企业签署合作备忘录。推动设立了中俄地方法律事务中心、中俄地方合作园展示中心和中俄地方合作交流中心。设立德国企业中心，打造德国企业的中国之家，先后建成汉德D-Zone、中小企业加速器等孵化器20余万平米，德国辛北尔康普、欧米勒钢琴、曼泽纳新材料等30余家隐形冠军企业建设或投产。2018年新区实现“一带一路”实际投资额2.35亿美元，增长67.9%。

4. 打赢打好三大攻坚战

防范化解重大风险。遏制非法集资蔓延，先后5次开展专项排查行动，共实地排查400余家机构。协调公安对牧桐资产等14起案件立案打击，涉及3841名投资人、金额6.25亿元。压降企业不良贷款。2018年底新区企业不良余额15.12亿元，不良贷款率1.07%，同比下降8.58亿元、0.92个百分点，区域不良率维持在较低水平。

精准扶贫。实施重点企业帮扶，33家市属区属国有企业、民营企业结对33个村庄，为65个贫困薄弱村连续3年实施资产收益扶贫项目，为每个贫困薄弱村年增加集体收入12万元以上。资产收益型扶贫模式作为全省改革典型案例上报中央改革办。截至2018年底，全区脱贫享受政策的建档立卡贫困户3450户、5558人。建档立卡贫困人口已全部脱贫，贫困薄弱村已全部摘帽，区扶贫办连续两年被评为“全省脱贫攻坚先进集体”。

坚决打好污染防治攻坚战。2018年，细颗粒物（PM2.5）、可吸入颗粒物（PM10）平均浓度分别同比下降12.5%和7.1%，空气质量优良率达79.8%，同比提高4.3个百分点。城市污水处理能力达到45.92万吨/日，城市污水集中处理率达到99%。加快推进静脉产业园、康尼尔危废处理中心项目建设，宝山鑫茂石场等8处非煤矿山按计划完成生态修复治理任务。

5. 高水平对外开放

外贸基础不断牢固。成功引进海润美特等多个进出口实体项目，推动中船重工、青岛炼化等实现进出口业绩回流10.6亿美元。全年新增进出口实绩企业450家，贡献进出口超过3.5亿美元。

外贸质量不断提升。2018年，高科技产品进出口32亿美元，增长15%。

外贸业态不断丰富。积极承接青岛跨境电商综合试验区建设任务，通过跨境电子商务引导对外贸易向“优进优出”转变升级；全省首个以跨境电商为特色的保税物流中心——青岛西海岸新区保税物流中心（B型）顺利通过封关验收，唯品会、京东等一批重点跨境电商项目加速集聚；累计通关跨境电商业务147万票，其中网购保税测试业务达10万票以上。

6. 集约节约发展

项目向产业园区集聚，弱小村庄向镇驻地集聚，偏远村庄向地铁沿线集聚，土地向规模流转集聚。在村居层面，重点培植“一村一品”，深挖传统文化资源和特色产业优势，一个村发展一个主打产业。

（二）实体经济发展情况

1. 招商引资方面。实施专业化精准招商，健全招商资源统筹共享机制

统筹产业招商政策、兑现流程和办法，实施“一业一策”；组建30个精准招商团队，在“建链、补链、强链”上精准引进“四新四化”项目。“2018香港山东周”新区签下197亿美元“大单”，成为全市签约项目最多、投资总额最大的区市，500亿级大项目达到6个，百亿级大项目达到40个，世界500强投资项目达到200个。

2. 健全现代化经济体系

获批全国首批智能制造灯塔园区、中德智能制造合作试点示范园区，新区战略性新兴产业产值增长15%。签约总部项目34家，集聚各类金融机构210家，海容冷链完成A股上市，青岛港国际通过A股IPO审核，西海岸发展集团在香港并购上市，新区上市企业累计达到15家，金融成为新旧动能转换的强力支撑。

3. 打造实体经济发展载体

设立山东省新旧动能开创母基金、制造业转型发展基金，成立千亿级产业联盟。全国首个协同式集成电路制造项目落户新区，台玻ITO导电玻璃项目成功投产，打破了山东制造业“缺芯少面”局面。发布国内第一款具有自主知识产权、完全自主运行的无人驾驶车辆，上汽通用五菱E200新能源汽车下线上市、年产20万辆。

4. 大力助推创新创业

新认定高新技术企业超过200家，发明专利申请量和授权量分别超过省内12个、15个地级市。扶持创新创业孵化载体建设，“青蓝汇”创新创业品牌传播力影响力进一步扩大。中德“双创”中心投入运营，国家级科技孵化器和众创空间达到18家，入孵企业1500余家。

图2-18 青岛西海岸新区海西湾船舶海工基地

（三）2019年工作展望

1. 实施重大战略

深度军民融合，全面落实国家（青岛）军民融合创新示范区建设方案，按照山东省“一核引领、多区联动、全省协同”的发展布局，积极培育发展优势军民融合产业。全面经略海洋，编制实施海洋攻势行动方案，细化量化三个“向海经济”目标举措，精耕海洋经济“一业一策”。

2. 加快动能转换

加快推进智能制造、循环经济、信息技术、海洋制造、王台新动能产业、军工产业等“六大基地”建设，推进制造业和人工智能深度融合。提升发展家电电子、信息技术等七大千亿级产业集群。高标准建设海洋活力区、实体经济总部、绿色金融、智慧医疗、体育运动、市民文化、生态休闲等“七大中心”。

3. 深化改革开放

高水平扩大对外开放，举全区之力做好特殊政策区青岛片区参与申建和承接实施工作，建设航运、贸易、金融、服务“四个中心”。推进中日韩地方经济合作区规划建设，打造对日韩开放合作新平台。持续提升啤酒之城、音乐之岛、影视之都、会展之滨“四张国际名片”影响力，成立“世界著名啤酒节联合会”，高水平举办第29届青岛国际啤酒节、中国（青岛）影博会、2019中德钢琴比赛、东亚海洋合作平台青岛论坛、博鳌亚洲论坛全球健康论坛等活动。

4. 高质高效优化营商环境

全力推进“一次办好”改革，审批服务事项“最多跑一次”100%覆盖。优化提升新政务服务大厅，提高审批事项网上办结率，推动民生服务向基层下沉。持续开展营商环境突出问题专项治理，从严查处破坏营商环境的人和事。加快收费清单“一张网”建设，让收费公开透明，让乱收费无处藏身。开通“服务直通车”，认真对待企业和项目诉求，做到换位思考、主动服务、有求必应、无需不扰。

十、大连金普新区

图2-19 大连金普新区全景

（一）2018年工作成效

1. 经济社会发展

2018年，大连金普新区实现地区生产总值2437.8亿元，增长7.9%；一般公共预算收入162.1亿元，增长6.2%；固定资产投资535.9亿元，增长16%；实际利用外资22.2亿元，增长9.4%；规上工业增加值增长17.7%；进出口总额3335.5亿元，增长13.4%；社会消费品零售总额增长8%；万元生产总值能耗降低3.2%；城镇居民人均可支配收入增长8%。

2. 创新体制机制

制定新区党政机构改革方案，2019年3月底前完成改革任务。推进事业单位改革，公益性事业单位由167个整合为16个，精简90.5%。按照“管委会+公司制”改革方向，制定并实施功能区（园区）改革方案。围绕海绵城市、美丽乡村建设和园林绿化工作，成立3个国有公司。组建金融、国资、招商项目落地等21个专项工作组，集中精力确保重点任务稳步推进。土地制度改革和农村集体产权制度改革进展顺利，农村土地确权颁证70493份，颁证到户率90%，完成12个试点村集体资产清产核资工作。

3. 服务国家重大战略

“一带一路”战略方面。2018年，新开通至黑龙江穆棱内陆港中欧班列，中外运拼箱运营平台落地，中转集拼业务正式启动，全年完成海铁联运约40万标箱。

军民融合战略方面。修订完善《关于促进科技创新的若干措施（试行）》，从军民融合研究机构建设、军民融合项目研发及成果转化等方面，给予资金扶持。大连登沙河国家新型工业化（军民结合）产业示范基地建设初具雏形，东北特钢、世杰航锻、汇程铝业等一批入园项目初具规模。

乡村振兴战略方面。启动乡村体系规划、乡村产业规划、海洋经济发展规划和首批20个示范村村庄规划编制。实施农村人居环境整治工程。大孤山街道获评“新时代中国最美滨海小镇”，向应土门子村、炮台袁屯村荣获农业部“中国美丽休闲乡村”称号。

4. 打赢打好三大攻坚战

防范化解重大风险。化解政府债务风险方面。对政府债务规模实行限额管理。严格按照大连市下达的债务限额对区本级债务实行限额管理，将债务余额严格控制在规定的限额内。将政府债务收支纳入全口径预算管理。切实履行政府存量债务偿债责任、确保不发生偿债风险。做好存量债务置换。完成存量债务中私募债、中票等提前偿还工作。积极开展清理偿还政府欠款专项工作。做好隐性债务统计认定和化解工作。化解金融风险方面。继续做好交易场所清理整顿工作，督促交易场所妥善解决投资人投诉纠纷、维护投资人合法权益，推动金融资产交易场所平稳清退存量；配合落实网络借贷等互联网金融和处置非法集资领域工作要求，广泛开展政策宣传，提升投资人防范非法金融意识；积极协调金融机构研究举措支持民营企业发展中面临的资金困难，为企业克服资金危机争取转机。

精准脱贫。金普新区通过采取产业合作、资金支持、劳务协作、社会帮扶及携手奔小康等一系列措施，推动扶贫工作取得良好成效。截至2018年底，到位资金共计2.21亿元，带动脱贫人口900余人，圆满完成帮扶任务。

污染防治。稳步推进水污染防治工作，加大入海排污口整治力度，推动域内河流水体达标整治，推进渤海湾污染整治，加强饮用水水源地监管和保护。扎实开展大气污染防治工作，开展燃煤锅炉综合整治和扬尘污染专项整治，做好秸秆禁烧管控，推进挥发性有机物专项整治。稳步开展土壤污染防治，加强企业监管，落实企业主体责任；强化未污染土壤保护，严控新增土壤污染。

5. 高水平对外开放

2018年，新区进出口总额首次突破3000亿元，增长10.3%，占大连市的68%。大连自贸片区全年新增注册企业7400家，占辽宁自贸区的56%。

完成《中国（辽宁）自由贸易试验区总体方案》确定的任务108项，占总体方案涉及大连任务总量的91%；复制推广前两批自贸试验区的改革创新经验177项，出台225项支持自贸试验区发展的政策措施；总结梳理出171项制度创新事项，先后推出两批40项制度创新案例，大连片区"'保税混矿'监管创新"纳入国务院第四批自由贸易试验区改革试点经验在全国海关特殊监管区复制推广。

放宽市场投资准入。在大连片区内实施了《自由贸易试验区外商投资准入特别管理措施（负面清单）（2017年版）》，对外商投资企业实施准入前国民待遇加负面清单管理。

优化行政审批服务。建成并投入使用自贸试验区综合服务大厅，首创企业注册微信核名制度，实现企业注册"最多跑一次"的服务承诺。推进国地税办税一窗化、办税业务自助化。研发全国首个智能出口退税综合服务平台，退税进度提速47%。

探索建立投资便利化体制机制。率先试行企业投资承诺制；实施"互联网+政务服务"，上线"网上办事大厅"，打造24小时电子政府；实行企业登记简易注销，企业注销审批时间压缩2/3，材料数量减少2/3；大连海关进出口通关时间分别压缩33.3%、52.8%。

推进人才引进机制创新。对长期在自贸试验区工作经认定的外国高端人才，实行"绿色通道"和"容缺受理"服务；设立最高600万元的人才个人创业扶持资金。

构建金融支持政策体系。公布实施两批16项人民银行支持自贸试验区建设的措施，制定了6个方面44项金融创新计划；推出跨境电子商务贸易融资便利化10项措施。

加强对外开放合作。与中国建设银行大连分行签署战略合作协议，扶持片区中小企业发展普惠金融；大连片区加入世界自由区组织，与广州南沙片区建立合作关系。

6. 集约节约发展

高水平编制落实规划。成立金普新区规划委员会、建设用地收储规划交易工作委员会(简称“三委会”),实现城乡规划决策的科学性、民主性和权威性。印发《金普新区“多规合一”改革工作实施方案》,在大连市率先启动《金普新区空间规划(2017—2035年)》编制研究工作。委托国内外顶尖设计团队组织开展各类规划编制,提升规划编制质量和水平。

推动集约节约发展。加快规划论证、制定建设用地控制标准。积极推进闲置土地、低效土地处置及相关政策制定。鼓励企业盘活存量用地,提高土地利用效率。优先使用存量、严格控制增量。

(二)实体经济发展情况

1. 招商引资落实方面

全年签约重点项目55个。其中,签约内资重点项目44个,投资总额860亿元,具体包括京东亚洲一号、联东U谷、逸盛大化聚酯切片等;签约外资重点项目11个,投资总额4亿美元,具体包括日本拓许机器、大众变速器五期等。竣工投产项目14个。其中,外资项目8个,总投资额70.22亿美元,包括英特尔二期项目、博格华纳汽车零部件项目等;内资重点项目6个,总投资30亿元,包括宇培大连物流园项目、苏宁易达物流项目等。

2. 优化传统产业和能源结构方面

加快传统产业转型升级。推动传统优势产业向中高端发展,格劳博机床、山崎马扎克机床、THK产业升级步伐加快。大力发展电子信息产业。按照“制造业与互联网深度融合,智能化、绿色化、服务化、品牌化”的绿色制造体系标准,积极推进日佳、崇达电路、亚太电子、吉星电子等电子信息产业项目建设。全面提升能源产业产品技术、工艺装备水平。指导福佳大化、逸盛大化、中触媒等重型石化企业,加快进行生产工艺和节能环保改造升级。

3. 推动战略性新兴产业发展方面

编制并发布《大连金普新区推进战略性新兴产业发展2018年工作方案、2018—2020年重点任务和保障措施责任三年工作重点》,重点推动新能源汽车、航空航天、集成电路、5G通讯、人工智能、生物健康等战略性新兴产业发展。截至2018年底,战略性新兴产业和高新技术产业项目在建和拟建项目共60个,总投资674亿元,累计完成投资占总投资比重为70.6%。新区新能源汽车2018年销售额达到了20亿元,实现了历史性突破。

图2-20 大连金普新区大窑湾保税港区

（三）2019年工作展望

1. 全面深化改革，充分激发释放发展活力

深入推进园区“管委会+公司制”改革，构建布局合理、错位发展、功能协调、充满活力的园区发展新格局。围绕打造国际化营商环境目标，深化“放管服”改革，大力推行“多规合一”“多评合一”“多图联审”，加快推进“互联网+政务”服务。继续办好金普一号“马上办”专线，及时快速解决影响和制约企业发展的突出问题。统筹谋划破解政府债务的治本之策，确保不发生系统性金融风险。

2. 以自贸区建设为引领，进一步提高全方位开放合作水平

立足全东北、面向东北亚，积极融入“一带一路”，加快构建对外开放新格局。积极参与“一带一路”综合试验区和中国-中东欧“16+1”国际经贸合作示范区建设，融入辽满欧大通道建设。深耕中日韩经贸合作，积极参与和先手布局中日韩自由贸易协定（FTA），全力推进中日（大连）经济合作园区规划建设，加强与韩国光阳湾圈经济自由区的战略合作。

3. 加快培育壮大新动能，着力构建现代经济体系

坚持科技创新引领不动摇，确保完成沈大自主创新示范区三年行动计划各项任务。以中科系、高校系、央企系为主攻方向，发挥产业基础和项目优势，规划建设大连生命科学城、人工智能科技园、通用航空产业园、量子测量产业园。坚持“招大”与“引新”并重，加快引进培育一批“瞪羚”企业、小巨人企业、“独角兽”企业。推动英特尔三期、京东亚洲一号等重点项目落地。

4. 科学谋划城乡区域发展，加快推进美丽新区建设

统筹推进新区总体规划和小窑湾、普湾核心区等规划修编工作，优化空间布局，节约集约用地。全面实施主要路街、高速公路出口等区域的绿化亮化工程。落实乡村振兴战略，制定实施金普新区美丽乡村建设工作方案，全面启动首批20个美丽乡村示范村建设。牢固树立绿水青山就是金山银山、冰天雪地也是金山银山的理念，进一步加强大气、水、土壤污染防治工作，使新区的天更蓝、水更清、山更绿、空气更清新。

5. 加快补齐民生领域短板，持续增强人民群众获得感幸福感

制定实施更加积极有效的就业促进政策，进一步完善社会保障体系，推进义务教育均衡优质发展，推进养老服务城乡一体化，统一城乡低保、特困老人居家养老补贴和服务标准。大力发展慈善、残疾人等事业。做好区内扶贫帮困和区外对口帮扶、定点帮扶工作。严格落实工作责任制，加强安全生产和食品药品监管，做好应急处置、打击走私、边海防管控等工作，确保维护社会和谐稳定。

十一、四川天府新区

图2-21 四川天府新区生态景观

（一）2018年工作成效

1. 经济社会发展

2018年，四川天府新区实现地区生产总值2714亿元、增长10.1%，固定资产投资1974亿元、增长13.5%，引进重大产业项目80余个、协议总投资3606亿元，地方公共财政收入增长23%，经济总量在19个国家级新区中保持第5位。其中，成都直管区始终保持高质量领先发展态势，完成地区生产总值429.1亿元、增长12.1%，固定资产472.7亿元，增长13.5%以上，地方公共财政收入增长36.4%。

2. 创新体制机制

不断优化创新环境。出台科技创新和高技术服务业发展、“双创新政十条”“加快科技成果转移转化26条”等产业政策和支持政策，在全国率先探索形成“首证通”行政审批改革试点，探索“贯通创新链、融入产业链、对接资本链”三链融合的产业发展路径，打造西南首家连接海内外的连锁型高新技术服务超市。

积极探索重点领域体制机制改革。着力提升要素供给效率，重点加快成都天投集团混合所有制改革，推动天投与万科、保利合作组建天万投资公司、天府发展投资公司，参与设立中科形美医院投资管理公司和安谋科技专项投资基金，进一步提升天投集团市场化运作水平；推动天投集团成功发行四川首支公募“双创债”，正加紧美元债发行相关工作，积极拓展新区建设发展融资渠道。启动实施“高质量现代化产业体系建设、高品质公共服务设施体系建设、高效能社会治理体系建设”三大改革攻坚行动计划。

持续深化体制机制改革。在前一轮体制机制改革成立专业化产业部门的基础上，进一步聚焦产业功能区建设，组建功能区管委会，探索“管委会+专业局+平台公司+街道”建设开发模式，创新城乡社区治理机制，不断释放体制机制活力。进一步理顺眉山片区管理机制，统筹眉山和青龙、视高党工委管委会职能职责，实现“三位一体高效运行”。

3. 服务国家重大战略

深度融入、主动服务“一带一路”建设、长江经济带发展、新一轮西部开发开放等国家战略，推动中国（四川）-东盟自由贸易合作中心正式挂牌，“中国-欧洲中心”启用。成功举办第十三届中国-欧盟投资贸易科技合作洽谈会、中美“2+2”清洁能源论坛、中美创投峰会等国际交流活动，组团参加“川港澳”合作周活动，不断扩大天府新区知名度、影响力。

4. 打赢打好三大攻坚战

防范化解重大风险。创新建立金融风险监测预警平台，整治化解互联网金融风险，依法打击非法金融活动，规范房地产市场秩序，遏制投机性购房。创新建立信息互通及联合处置工作机制，坚持把金融风险防控落到实处，从提升主动防范能力、提高风险预防水平和优化金融生态环境3个方面着手，全面落实入区联席评审会议制度，维护新区金融发展的稳定环境。创新构建地方债务管控机制，坚持依法理财、规范举债，加强融资监管，严格控制地方债务特别是隐性债务增量，有序化解存量债务。创新政府投融资渠道，依托天府国际基金小镇，聚集发展新兴金融，管理基金规模达到4800亿元，有效防控政府债务风险。

精准脱贫。切实肩负起国家级新区发展使命，在推动天府新区高质量发展的基础上，严格贯彻落实中央关于脱贫攻坚的战略部署，建立了党工委管委会班子成员挂点督查到街道，各帮扶部门对口帮扶到村，各街道联系到户的定点联系机制，重点围绕产业帮扶户、住房困难户、低保对象户、城乡特困户四大类扶贫对象建立帮扶台账，开展精准帮扶。截至2018年底，辖区内皆已超过国家现行的脱贫标准，实现全域脱贫。

环境污染防治。按照习近平总书记对天府新区提出的“突出生态本底”重大要求，始终坚持“拥绿亲水”的营城理念，持续加强水环境保护和水污染治理，全面筑牢公园城市生态本底。强化河长制湖长制工作，配套印发“重拳治水”“四项行动”等10多项方案制度。大力实施鹿溪河、锦江和东风渠水生态环境综合治理，全面启动北部生态隔离廊道、白沙湖、雁栖湖等17个重大生态项目规划建设。

5. 高水平对外开放

推动自贸试验区建设。探索形成“证照分离改革下的金融监管模式创新”等创新案例，联合发起设立四川首支自贸区股权投资基金（成都高新自贸区股权投资基金），“中国–欧洲中心”启用，与中国政法大学合作推动“一带一路”法律研究中心落户新区，着力打造“一带一路”法治建设研究权威机构。

构建全方位开放平台。成功举办第十七届中国西部国际博览会、第十三届中国–欧盟投资贸易科技合作洽谈会、中美“2+2”清洁能源论坛、2018年全球独角兽企业高峰论坛、中美创投峰会等重大展会和国际交流活动。组团参加川港澳合作周活动，谋划建设香港澳门合作示范园区。

发展开放型经济。加快国际会议中心、保税物流中心（B型）、保税商业中心、中加首脑计划、中意文化创意产业园等开放平台、项目和国际园区建设，新川创新科技园形成承载力，着力打造港资、澳资企业聚集发展平台的川港合作产业园区启动规划建设。峨影金砖国家电影产业园、西班牙拉曼恰田园综合体、海外华文传媒国际交流中心等一批合作项目签约落地，中新猕猴桃联合实验室正式投用。

6. 集约节约发展

突出抓好规划提升。积极探索凸显“公共、共享”时代特征的“三生”空间布局，加强对城市空间结构、高度分区、山水通廊以及城市风貌的设计和管控，完成总体城市设计、控制性详细规划、分区规划等5大类27项规划编制。

加快完善提升城市功能。推进省二医院、华西天府医院、国际社区等公共配套项目，出台城市地下综合管廊管理办法，加快推进集约利用与优化城市地下空间。

（二）实体经济发展情况

1. 推动传统优势制造业转型升级

抢抓产业智能转型升级机遇，促进电子信息、汽车工业、生物医药和轨道交通等传统优势产业向价值链中高端延伸，同步带动高端装备产业聚集发展。目前已培育规模以上工业企业743家，形成千亿级产业2个、百亿级产业8个，其中，全年规模以上电子信息产值3557亿元、汽车整车产值1767亿元。

2. 推动战略性新兴产业集聚成链发展

以天府中央商务区建设为带动，大力发展总部经济；以成都科学城、独角兽岛、鹿溪智谷建设为带动，大力发展人工智能、科技研发和数字经济；以西博城运营为带动，大力发展国际会展和国际商贸业；以天府文创城建设为带动，大力发展文化创意。目前已签约落地安谋中国、商汤科技等一批新经济产业项目，协议总投资突破3000亿元，新引进总部企业80余家，会展展陈面积累计突破1000万m^2。

3. 加快构建全要素产业生态圈

聚集北京大学、清华大学、北京航空航天大学、中国科学院等政产学研协同创新项目23个，出台“科技成果转移转化26条”“独角兽岛10条”等成体系的产业支持政策，引进各类专业性人才20余万名，聚集新兴金融企业560余家，管理资金规模近5000亿元，建成各项创新载体260万m^2，全要素产业生态圈初具雏形，新产业新业态新模式加速涌现。

图2-22 四川天府新区独角兽岛项目效果图

（三）2019年工作展望

1. 强化“重要节点”战略支撑，加快推进重点产业功能区建设

全面启动天府中央商务区建设，加快建设成都科学城南部片区和天府文创城重大基础及公共配套，设施进一步完善国际生物城、新川科技园、眉山创新谷等重点区域城市功能，着力培育新的增长点。独角兽岛一期形成项目承载能力，国际会议中心及配套酒店主体竣工，力争综合性国家科学中心和综合性国家产业中心取得重要阶段性成效。

2. 围绕经济高质量发展，加快构建现代化产业体系

构建以新经济突破发展为带动，以总部经济、会展博览、高技术服务三大产业为支撑，以文化创意、金融科技、智能制造等特色产业为重点的“1+3+N”现代化产业体系，推进中海总部大厦、佳龙、中国科学院大学成都学院、海康威视、言几又等一批重大项目建设，瞄准央企和世界500强、民企100强，精准引进产业链长、成长性强、标识度高的重大项目。

3. 着力提升竞争优势，加快构建国际化营商环境

对标世界银行营商环境指标体系，以自贸试验区建设为载体，深化“放管服”改革和国际贸易投资自由化便利化改革，制定实施市场准入负面清单制度，建立完善政务诚信考核机制，构建公正有序的法治环境和亲商爱商的政企环境，同步提升完善城市功能，强化国际社区治理体系建设。

十二、湖南湘江新区

图2-23 湖南湘江新区梅溪湖

（一）2018年工作成效

1. 经济社会发展

2018年，湖南湘江新区实现地区生产总值2300亿元，增长10.5%；规模以上工业增加值增长10%；固定资产投资增长13.3%；社会消费品零售总额815.28亿元，增长12.1%；一般公共预算收入391亿元，增长19.3%。

产业投资占固定投资比重达50%，工业投资占固定投资比重达38%，技改投资占工业投资比重达50%，分别比去年提高2、3、6个百分点；民间投资占固定投资比重达56%，与去年持平。新区本级综合债务率下降8.73%，安全生产保持零事故纪录，打赢反炒房攻坚战，房价洼地优势明显。

全社会研发经费投入占GDP比重的5.2%，高新技术产业增加值增长13%；市场主体增长4.5万家，增长30%；单位GDP能耗下降3%，创新引领、产业驱动特征更加明显。

2. 创新体制机制

深化科技创新改革，“双创”品牌示范效应彰显。大力推进创新平台建设。中南大学研发总部、后湖文化艺术园、58“双创”小镇等优质创新载体正式运营，落户企业200多家。引进地平线等新型研究院12家，粉末冶金、汽车车身设计制造等省级以上的重点实验室、院所60余个。举办“智汇湘江·科创新区”科技成果转化项目路演活动12场，达成投资合作意向20亿元。累计建成国家级众创空间、国家级科技企业孵化器和大学科技园等各类“双创”平台72个。

深化投资融资改革。以科技普惠金融为主导功能定位推进湖南金融中心建设，三湘银行启动开工，浦发金融大厦、福晟金融中心投入使用，已入驻各类金融机构280家，总注册资本360亿元。湘江基金小镇主体封顶，累计入驻基金机构255家，基金管理规模达2025亿元，实行基金注册“一站式”服务。

3. 服务国家重大战略

认真贯彻落实习总书记“共抓大保护、不搞大开发”的重要指示精神，积极参与长江经济带建设。出台新区《深入实施长江经济带发展战略中推动长沙高质量发展的三年行动计划（2018—2020年）》，积极打造全国生态文明示范区和全国绿色发展样板区建设。携手江西赣江新区、武汉长江新城、合肥滨湖科学城，签订《长江中游城市群省会城市新区发展合作框架协议》，推动长江经济带中游地区在交通联通、产业升级、创新创业、人文交流、文旅合作、招商引资、信息共享等方面深度合作。

4. 打赢打好三大攻坚战

化解债务做到控增量、调结构、守底线。制定新区隐性债务化解实施方案，“停缓调撤”项目90个，压减投资28.49亿元，偿还政府债务及PPP支出责任39.67亿元；梅溪湖二期地下管廊PPP项目成功入库。所辖区市、园区政府债务化解工作有序推进。

精准脱贫做到全覆盖、高质量、防返贫。深入推进龙山里耶镇和宁乡沩水源村精准扶贫工作，安排33名党员干部“一对一”对口帮扶沩水源村的贫困户，帮助推进基础设施建设、危房改造和产业发展。

污染防治做到重联治、全截污、抓突破。在建工地全面落实“8个100%”，蓝天保卫战完成治标任务。建立龙王港流域全域治理机制，岳麓污水处理厂试运行，4处黑臭水体基本消除。

5. 高水平对外开放

全年完成进出口总额357.52亿元，增长49.1%；完成实际利用外资14.96亿美元，增长14%。

加强外贸服务平台建设。组建成立先导国贸公司，打造集采购执行、物流服务、分销执行、融资结算、商检报关等为一体的对外贸易综合服务平台，自2018年5月启动运营以来已累计完成进出口贸易额1.1亿美元；加强国际科技商务平台、保税仓等建设，补齐对外开放短板。

加强重大开放主体建设。吸引伟创力、中信戴卡等外向型企业纷纷布局新区。积极发展跨境电商，新引进阿里巴巴新外贸本地化服务中心等一批知名跨境电商项目，年交易额超过5亿美元。

推进重大开放通道建设。依托渝长厦高铁规划建设长沙高铁西城，启动坪塘通用机场前期工作，推进大屯营军民两用机场等重大交通枢纽和交通干线建设。

6. 集约节约发展

规划编制方面，完成新区总体规划大纲编制，推进新区综合交通规划编制，开展重点片区规划优化，为新区争取更大的发展空间奠定了基础。规划创新方面，主动对标河北雄安新区规划理念，积极开展了“多规合一”探索，优化控制性详细规划单元化管理办法。其中城市设计创新获国家住房城乡建设部、省住房城乡建设厅认可推介并入选全国城市设计示范案例。出台《进一步加强建筑形态规划管控的指导意见（修订版）》《建设工程项目方案审查中介机构管理办法（试行）》《湖南湘江新区管理委员会关于进一步加强土地供应管理促进节约集约用地的指导意见》（含节约集约用地指标体系），有力提升新区城市形象品质，推动集约节约发展。

（二）实体经济发展情况

1. 以产业链为主抓手促进产业集聚

按照“链长牵总、部门联动、园区互动、全员参与”的原则和“建链、强链、补链、延链”的思路，以“三智一自主”为主攻方向，集中力量推动人工智能和智能网联汽车、工程机械等16条产业链发展，产业集聚度和发展活力进一步增强。2018年新区智能制造产值规模达750亿元，先进储能材料、食品、人工智能和智能网联汽车产业链产值增速均超过20%。工程机械龙头企业中联重科开发的4.0系列智能产品，在2018年上海宝马展上斩获近40亿元订单；先进储能龙头企业杉杉新能源产值超过60亿元，增长42%。

2. 以项目建设为牛鼻子增强发展后劲

将2018年确定为“产业项目建设年”，全力推进重大产业项目、重大科技创新项目、重大产品创新项目、拟引进500强企业、拟引进科技创新人才建设。全年共铺排270个重大产业项目，完成年度投资1000亿元以上。其中，伟创力长沙智能制造产业园、杉杉新能源等一批投资超过50亿元的重大产业项目均实现了当年签约、当年建成、当年投产。中国通号长沙产业园、中国联通云数据中心、中国电科8英寸晶圆等一批重大项目相继竣工投产或开工建设。

3. 以科技创新为源动力助推产业转型

着力加大对高新技术企业、智能制造示范企业以及新兴产业扶持力度。2018年新区全年新增高新技术企业542家，占长沙市新增总数的48%、湖南省新增总数的24%；上市企业总数达31家，国家、省、市级智能制造示范企业近200家。全年新增移动互联网企业1600余家，企业总数超过6500家。大力发展军民融合产业，聚集军民融合企业120家，挂牌全国唯一的长沙军民融合先进技术研究院、全省首个北斗军民融合协同创新中心。挂牌成立湖南区块链产业园、长沙人工智能产业技术研究院、全省首个3D打印学院。

图2-24　国家智能网联汽车（长沙）测试区

（三）2019年工作展望

1. 着力推进制造业高质量发展

发挥国家智能网联汽车（长沙）测试区平台创新和产业集聚作用，推动腾讯、百度、京东等项目的对接落地，加快人工智能(AI)算法、芯片、车联网和大数据等研发，打造全国乃至全球智能网联汽车创新和产业化高地的湘江智谷。培育一批创新能力较强、服务水平较高的研发设计和创新服务骨干企业，推动高技术服务业发展。制定深化产业链建设方案，组建产业中心和产业链办公室，建立联系服务产业链工作制度和常态化调度机制。继续实行招商首席责任制、产业链链长制、重大项目领导联点制“三制联动”。推动中联智慧产业城、碧桂园人工智能产业城等项目落地建设。

2. 着力推动创新驱动发展

落实长沙市支持大学科技城建设“20条”精神，争取省里出台专项支持政策。主办或参加全国“双创”活动周等重大赛事活动，打造人工智能产业论坛和赛事品牌。做好中南大学研发总部、桃子湖高校“双创”街等“双创”平台的产业导入。围绕人工智能及智能网联汽车产业发展，建设营运好智慧公交试验示范线，开辟高速公路、物流园区、5G-V2X示范等应用场景，启动开展智慧车列、5G、智能仿真测试实验室测试建设。

3. 着力提升改革开放水平

深化知识产权综合管理改革，做优知识产权综合服务，加快设立互联网法院(法庭)。推动先导控股、湘江集团市场化改革，做大做强湘江国投公司。着力构建低碳能源、绿色建筑等领域技术标准体系，将大王山、梅溪湖片区打造成海绵城市示范片区。筹建先导融资担保公司，提升先导国贸公司退税出口企业类别等级，力争实现进出口贸易额突破5亿美元。

十三、南京江北新区

图2-25 南京江北新区服务贸易发展创新大厦效果图

（一）2018年工作成效

1. 经济社会发展

2018年，南京江北新区实现地区生产总值2528亿元，增长11.3%，直管区地区生产总值增长13%，实现"高于全市增幅5个百分点"的奋斗目标；一般公共预算收入172.6亿元，同口径增长16%；固定资产投资增长18%；规模以上工业总产值增长24.5%，外贸进出口总额265亿元，实际利用外资6.8亿美元。主要指标增速位居全市各板块第一。

2. 创新体制机制

经济体制改革领域。稳步推进国有企业改革。优化国资管理体制机制，完善国资统一监管体系，建立"1+4+N"的国企顶层运作架构。健全"多规合一"与土地管理机制。推进"人地挂钩"改革试点，采用弹性出让、先租后让等土地供应方式，实施更加合理的地价优惠政策。推进“数字化联合图审”改革。研发上线“施工图设计数字化联合审查管理平台”，开创了建设、消防、气象、人防各条口多图合一、数字申报、集中受理、联合审查、统一反馈、资源共享、综合监管的新型审批模式。首审意见出台由50个工作日缩短为7个，共实现联合图审83件。

民主法制改革领域。继续推进“信用承诺制”改革。推进“信用承诺制”落实，分两批次将27个项目（重大项目及公益类项目）列入改革试点，与企业签订信用承诺制改革试点承诺文本。推进综合行政执法改革。出台《南京市江北新区综合行政执法体制改革实施方案》，创新执法证件统一，执法资格合一，案件查处分离制度，实现一支队伍管全部、一专多能管到底。

3. 服务国家重大战略

“一带一路”建设方面。与瑞典国家研究院共建中欧迷你硅谷项目，南京南化建设有限公司承建恒逸（文莱）PMB石油化工项目。南钢收购德国koller beteiligungs GmbH 84.5%股权向能源环保产业转型。新区所属苏美达积极开拓巴基斯坦等“一带一路”国际市场，2017年以来累计业务额为2.1亿美元，推动一批光伏、风电新能源项目落地。

长江经济带建设方面。加强长江岸线整治，排查长江岸线内15条河段固体废物危险废物清理，查处长江沿岸内4家企业违法建设以及8处“三乱”行为，对新区长江岸线1公里范围内20个规模以上排口进行规范化整治。成立江北新材料科技园，严格项目环境准入制度。

长三角区域一体化发展方面。积极对接上海“五个中心”“四个品牌”建设；加大与滁州等地的跨区域联动发展，推进“飞地经济”等合作机制取得新进展。加快构建北沿江—南京北站—南京站—南沿江的高铁环线，推动宁滁城际项目正式开工。

4. 打赢打好三大攻坚战

防范化解重大风险。加快推进融资平台公司转型。及时督促各债务单位积极与债权人商谈置换工作，降低债务总体成本。建立债券资金银行转账凭证、与债权人解除债务关系书面凭证和自查工作报告、自查情况表等台账资金，规范债务单位置换债券资金使用。

扎实推进扶贫攻坚工作。开展低收入户大排查，全面梳理低收入户信息，运用“阳光扶贫”系统精准施策。新区未脱贫建档立卡贫困人群141户282人，已于2018年全部脱贫。

打好污染防治攻坚战。开展蓝天、碧水、净土保卫战，污染防治攻坚战取得明显进展。2018年新区空气质量优良率为72.2%，较上一年上升3.4个百分点；降尘量月均值每平方公里4.77吨，较上一年下降13.7%。2018年，新区省考断面水质达标率100%，基本消除黑臭水体。建设生态绿地，实施杜圩城市生态湿地、青龙绿带等一批长江岸线生态绿地修复工程，新区公园绿地服务半径覆盖率达60.2%。完成中央、省环保督察137件信访问题整改。

5. 高水平对外开放

新区服务贸易企业、机构进出口额实现两年平均45%以上的增长，占对外贸易比重年均提高2%以上。服贸创新发展试点顺利通过国家验收，4条创新做法入选商务部等11个部委可复制可推广经验。组织企业参加国内外知名展会，拓展对外贸易，新区企业外贸订单稳定，开放型经济持续向好。全年外贸进出口总额约270亿元，增长约27.4%；实到外资约6.8亿美元，增长10%。

6. 集约节约发展

严把新建项目准入关，强化对新增工业项目开发强度、土地投资强度、产出效益等指标的管控。积极推进批而未供土地整改，2018年，共完成存量批而未供土地供应3600亩，占批而未供总面积（6216亩）的57.92%，超额完成南京市国土管理部门下达的整改目标（2750亩）。推进低效用地再开发，严格按照低效用地再开发三年行动方案，编制了新区城镇低效用地再开发规划（2017—2020年）和2018年年度实施计划。

（二）实体经济发展情况

1. 实体经济进中提质

2018年江北新区（直管区）规模以上工业总产值达3286亿元，增速从年初的13.9%一路攀升至23.1%，规模和增速持续领跑全市。骨干企业作用明显，扬子石化、扬子巴斯夫、南钢集团、南汽集团等4家超百亿元企业实现工业总产值1906亿元。新区引进培育“独角兽”企业2家、“瞪羚”企业11家，认定“灵雀”企业60家。

2. 主导产业优势凸显

围绕打造全球有影响力的产业地标，进一步聚焦建设“芯片之城”“基因之城”和“新金融中心”。2018年全年，新区（直管区）先进制造业营收增长约31%，其中智能制造产业增长约20.4%，生物医药产业增长约38.4%，新材料产业增长约31.8%；新区服务业中科技服务业营收增速达到约43%。

3. 产业新动能不断增加

南钢获工业和信息化部制造业“双创”平台试点示范项目认定，欣网卫星获省级制造业“双创”平台试点示范项目认定，聚隆科技、东大集成获省级服务型制造示范企业认定，磬能电力获省级工业设计中心认定，大洋装备等3家企业获省级企业技术中心认定，轩凯生物等12家企业获省级工程研究中心认定。擎天、东源磐能、百卓、科思倍等多家企业入围工业互联网服务资源池等。新区北斗研究院获国家发展改革委专项资金5600万元。全年新区直管区净增规模以上工业企业50家、规模以上限额以上服务业企业105家，上市企业达14家，服务业增加值占GDP比重提高3.5个百分点，新旧动能加速转换。

图2-26　南京江北新区生物医药谷中丹园

（三）2019年工作展望

1. 聚焦“两城一中心”，全力打造高端产业地标

紧扣长三角地区现代产业集聚区建设目标，重点培育做大集成电路、生命健康等主导产业规模，推动新区发展质量不断提升。

2. 聚力创新创业，高标准建设创新名城先导区

紧扣建设具有全球影响力创新名城先导区目标，把新区打造成为创新驱动发展的样板地区。加快高端创新资源集聚。深入落实“两落地一融合”工程，力争全年新增新型研发机构20家。

3. 加大投入力度，高起点打造江北新主城

牢固树立“主城思维”，加快提升新区规划、建设、管理标准，推进一批功能性项目和地标性建筑早出形象。全年实施重大城建项目72个、当年完成投资262亿元。

4. 突出重点领域，坚决打好污染防治攻坚战

坚持生态优先、绿色发展，统筹生产、生活、生态三大空间，推动环境质量明显改善。严格保护长江岸线。建立长江岸线整治长效机制，铁腕治理长江“三乱”，严格保护长江生态岸线资源；积极推进港机厂、港二公司、港三公司搬迁，着力提升江北滨江岸线环境形象，初步展现江北滨江城市风貌。

十四、福州新区

图2-27 福州新区江阴港区

（一）2018年工作成效

1. 经济社会发展

2018年，福州新区实现地区生产总值1838亿元，增长10.6%（增速高于福州全市2个百分点），规模以上工业增加值增长约9.3%，固定资产投资增长约35%，一般公共预算收入增长约3%。

2. 创新体制机制

构建多元化融资格局。马尾基金小镇新增亿元以上基金17个，总规模超过1256亿元，入选福建省金融改革开放最具影响力40件大事。

加快“双创”建设。成功组织开展2018年“创响中国”福州站活动。截至2018年底，福州新区“双创”示范基地已建成3家国家级工程（技术）研究中心，3家国家级企业技术中心，59家省级企业技术中心；共有市级以上众创空间113家，其中，国家级8家，省级44家，众创空间面积达20多万平方米，在孵企业和团队总数达到3168家，创业和就业人数8827人。

深化自由贸易试验探索。推动扩大前11批创新举措实施的范围，新增8项被国务院复制推广至全国，17项被省政府复制推广至全省。新推出第12批、13批创新举措27项（经省自贸办认定），全国首创7项。

3. 服务国家重大战略

深化对台交流合作。落实中央惠台"31条措施"、省惠台"66条措施"以及市惠台"68条具体措施"，2018年新增台湾青创项目72个，吸引台湾青年就业724人次；推动签订了《榕台人才交流合作协议》，设立台湾青年实习就业服务站、福州市台湾人才服务工作站以及台湾教师联席会议机制；成功举办第六届海峡青年节、第十六届"两马同春闹元宵"等活动，台湾青年"三创"基地荣获首批省级台湾青年就业创业基地称号。

主动融入"一带一路"建设。江阴港"海丝"航线已达10条，并启动"福州—营口—满洲里—俄罗斯—欧洲"海铁联运，江阴铁路支线货物进出港共106.3万吨，同比增长78.8%。

4. 打赢打好三大攻坚战

深入防范化解金融风险。加强非法集资防范处置，严格企业信贷风险管理，全区金融风险形势总体可控。

强化生态环境建设，创建"滩长制"有效治理海漂垃圾，闽江沿线规划管控和整治提升工作扎实推进。

持续巩固脱贫成果，健全稳定脱贫长效机制，落实脱贫对象教育、基本医疗和住房安全保障，强化跟踪帮扶防止返贫。

5. 高水平对外开放

加强对外招商引资。贯彻落实"招商2018"专项行动，整合福州新区、自贸区福州片区和新区各功能区招商资源，完善招商联动机制。

打造跨境电商全产业链平台。建成"一平台"（福州跨境电商公共服务平台）、"五中心"（出口加工区融达通、保税港区利达通、保税港区优联、长乐机场优购跨境电商监管中心、马尾海运快件监管中心）、"一产业园"（eBay福建跨境电商产业园），完善邮件、快件、跨境直邮、跨境保税备货模式。

6. 集约节约发展

《福州新区总体规划（2018—2035年）》目前已通过省委常委会议审议，滨海新城核心区城市设计等47项规划编制完成，《福州新区综合交通规划》《福州新区三江口南台岛东部片区城市设计（修规层面）》等27项规划正在组织评审或报批，《福州新区总体规划环评报告书》《福州新区蓝线控制专项规划》等规划加快编制。

（二）实体经济发展情况

1. 招商引资精准发力

创新招商模式。整合新区、自贸区和各功能区招商力量，组建招商小分队，大力实施精准招商、产业链招商、园区招商、平台招商、楼宇招商、上门推介招商等模式，有效推动泰普生物、康乃尔MDI、数字东盟—海丝中心、网易考拉、华融普惠融资担保等大项目好项目落户。

用好重大平台。首届数字中国建设峰会新签约菜鸟网络、京东物流园等14个大项目好项目落地新区；元洪国际食品产业园通过“5·18”海交会专项签约猫屎咖啡生产基地、缅甸特色食品小镇等23个国家33个项目，投资额66.6亿美元。

强化招商服务。充分利用政府自有楼宇、现有设施等资源，主动协调解决企业对研发楼、人才公寓、职工宿舍、员工食堂等需求。大力推广实施全程代办服务制，开展一站式、全程专人代办服务，Skymind公司（外企）在1个半小时的座谈会期间

图2-28 福州新区临空港区海西网龙创意产业项目

完成全部入园注册手续。

2. 高质量发展实体经济

积极推动电子信息、机械装备、石油化工等主导产业提升发展，纺织化纤、冶金建材等传统产业转型发展，加快培育扶持大数据、物联网、VR产业、现代物流、金融服务等战略性新兴产业和高端服务业。支持民营经济做大做强，5家企业跻身“2018中国民营企业500强”。建成福州国家互联网骨干直联点、“海峡光缆一号”和省级“政务云”“商务云”等一批大数据产业基础设施，超算中心二期、Skymind、清华数据研究院、品生医学等启动运营。车联网EMC暗室、OTA实验室等项目启动建设，2018年新增物联网关联企业52家，参与制定行业标准19项。

（三）2019年工作展望

1. 促进产业转型升级

培育壮大新一代信息技术、生物医药、新材料、新能源等新兴产业，推动与云计算、大数据、人工智能、物联网、区块链、高端装备制造、临空经济等新一代信息技术与实体经济的深度融合。

2. 建立健全体制机制

深化新区管理体制机制改革，强化福州新区管委会机构设置，健全综合服务职能。及时调整完善符合新区发展阶段要求的组织架构和运行机制，健全新区管委会与四个功能区（经济区）管委会的协调联动机制，构建扁平高效、权责统一的管理模式。

3. 持续推进改革创新

进一步深化“放管服”改革，继续优化项目审批机制，积极承接省政府下放（委托）的17项省级行政许可事项。继续在新区复制推广“证照分离”经验，持续推进工程建设类项目审批改革，不断缩短审批时限。

4. 努力扩大对外开放

落实68条惠及台胞的具体措施，办好第七届海峡青年节，加强台湾青年就业创业基地建设，加快复建台湾会馆。加快设立海关特殊监管区，优化整合福州出口加工区，建设国家级邮轮旅游发展实验区，争取获批福州空港综合保税区，积极申请设立跨境电子商务综合试验区等重大对外开放平台。进一步加强与海上丝绸之路沿线国家和地区的海、空港合作和双向投资，积极开展海关、检验检疫、认证认可、标准计量等方面的合作试点，积极打造21世纪海上丝绸之路海上合作战略支点。

5. 加快重点区域建设

强化规划引领功能，推动新区总体规划、规划环评等主要规划尽快获批实施，加快各专项规划、重点片区控制性详细规划、城市设计等编制，为新区有序、全面推进区域建设提供规划依据。进一步加快滨海新城建设，加快东南快速通道等基础设施建设，基本建成启动区骨干路网，动建中央商务区、东湖湿地公园等50个项目，完成年度投资450亿元以上。提速三江口组团，加快樟岚总部集聚区、道庆洲过江通道、马航洲湿地保护修复工程等69个项目建设。加快琅岐岛综合开发，完善岛内基础设施，建成投用酒店、乐园、农庄、博物馆等首批项目。

十五、云南滇中新区

图2-29　云南滇中新区一角

（一）2018年工作成效

1. 经济社会发展

2018年，云南滇中新区实现地区生产总值623亿元，增长13.1%；固定资产投资增长13.0%，其中工业固定资产投资增长95.2%；规模以上工业增加值增长50.6%；社会消费品零售总额163.24亿元，增长10%；地方一般公共预算收入76.05亿元，增长33.7%；招商引资到位内资391.6亿元，其中工业招商引资151.6亿元。

2. 创新体制机制

坚持把改革创新贯穿于发展的各个领域、各个环节。按照“省级决策领导、新区独立建制、市区融合发展”的要求，积极推进大部制改革，实行扁平化管理、实体化运作，健全完善财税管理和投融资体系，探索创新招商引资项目经理人和“六个一”（一个项目一个新区领导、一个项目经理、一个审批服务协调人、一个建设保障服务协调人、一个联络员、一个工作方案）工作推进机制，实施工作目标军令状考核奖惩。全面贯彻落实“市区融合发展”要求，与昆明市联合成立市区融合发展领导小组及20余个重大项目协调推进领导小组，全面加强规划编制、道路交通、融资支持、用地保障等方面的融合，合力推动“三整车一中心”、航天神州等重大产业项目落户新区，共同推进长水综合交通枢纽、机场北高速等重大基础设施建设，推动市区优势互补、融合联动、一体发展。

3. 服务国家重大战略

以实际行动主动服务并积极融入“一带一路”、长江经济带等国家重大战略和区域发展总体战略。逐步完善基础配套，支撑能力明显增强。高标准、高质量推进以道路交通为重点的基础设施建设，建成通车道路86条，通车里程428公里，“两横两纵”高速路网和“两横三纵”城市骨干路网基本建成，内畅外联的交通体系初步建立。昆明长水综合交通枢纽规划编制基本完成，成为云南省响应国家“一带一路”、长江经济带战略的重要举措，同时也将成为滇中新区扩大对外开放的标志性工程，极大地提升滇中新区作为面向南亚东南亚辐射中心重要支点的门户形象。

建平台搭载体，产业承载和服务能力显著提升。积极配合申建中国（云南）自由贸易试验区，高水平打造安宁工业园区、杨林经济开发区、空港经济区三大千亿级产业园区平台；同时，规划建设东盟产业城，借鉴苏州工业园及新加坡城市规划运营的成功经验，逐步将东盟产业城建设成为云南主动融入“一带一路”的国际产业城，辐射中国西南区域及南亚东南亚的产城融合发展典型示范城市，搭建起云南—东盟深层次、多元化合作的重要载体和互相学习国际化发展经验的开放平台。

4. 打赢打好三大攻坚战

防范化解政府性债务风险方面。配合审计署昆明特派办对债务进行清理核实，顺利完成新区政府债务、隐性债务抽查核实和专项审计工作；按照云南省财政厅的统一安排部署，认真落实跨部门债务监测平台数据填报工作；积极争取新增土地收储收益专项债券，顺利完成2018年新增限额内土地储备专项债券20亿元的申报发行，期限3年期，利率3.67%。积极争取再融资债券9亿元，保障到期债券本金按时兑付；积极争取置换债券资金73110万元用于偿还2014年清理认定存量政府债务，在国务院规定时限内顺利完成存量债务的置换工作；召开3次有关债务风险防控化解的专题会议，制定《滇中新区本级防范化解政府性债务风险工作实施方案》，采取有力措施认真落实化解债务风险要求。

污染防治攻坚战方面。联动配合昆明市委市政府制定了《关于全面加强生态环境保护坚决打好污染防治攻坚战的实施意见》（昆发〔2018〕20号）。实施“蓝天保卫战”，强化建筑工地、道路扬尘管控及工业企业大气污染综合治理、大气污染联防联控等。实施“碧水保卫战”，在全市全区范围内全面落实河（湖）长制，全面深化滇池以及河流保护治理。实施“净土保卫战”，强化固体废物污染治理，对垃圾进行分类处理。

5. 高水平对外开放

紧紧围绕面向南亚东南亚辐射中心重要支点这一战略定位，加快开放平台、产业平台、投融资平台、创新创业平台“四大平台”建设，筑牢发展主阵地，打造开放新高地。昆明综合保税区顺利实现围网封关，并通过国家十部委联合验收；创新综合保税区运营管理模式，积极引入一流企业开展信息化建设、公共服务平台搭建与运用、跨境电子商务等方面的合作。高起点、高水平规划建设云南东盟产业城，东盟产业城概念性空间发展规划设计目前已完成第三阶段成果，项目可行性研究报告正在抓紧完善，相关前期工作正在加快推进。积极推进长水临空经济示范区申报建设，总体方案已通过国家发展改革委初步审核。积极参与中国（云南）沿边自由贸易试验区申报建设，全面拓宽新区扩大开放综合服务平台功能。

6. 集约节约发展

先后编制实施各类规划53项，由中国城市规划设计院编制的《云南滇中新区总体规划（2018—2035年）》已上报省规划委员会办公室审批；由新加坡刘太格大师团队编制的小哨片区概念性空间发展规划及重要区域概念性城市设计编制完成，东盟产业城概念性空间发展规划设计完成第一阶段成果；昆明长水综合交通枢纽规划编制基本完成。

（二）实体经济发展情况

1. 招商引资方面

累计引进世界500强企业6家，中国500强企业9家。2018年，累计赴外招商327次，签订投资协议74个，招商引资实际到位内资391.6亿元。“三整车一中心”全面加快建设，昆明新能源汽车研发中心实现首车下线；东风云汽总装车间完成设备安装，首台皮卡车工艺样车调试完毕；江铃新能源汽车启动建设；中汽中心进入设备安装调试阶段；京东方OLED微显示器首台产品点亮；中关村电子城科技产业园一期全面封顶；智能科技产业园、智能装备产业园、医疗器械产业园等标准化厂房建设项目顺利推进，全年完成投资37.3亿元。

2. 迅速壮大实体经济发展实力

狠抓主导产业发展。汽车产业方面，重点推进江铃汽车、神州汽车、雄鑫汽车等项目；电子信息产业方面，重点推进中关村·电子城二期、京东方、氮化镓等项目；生物医药产业方面，重点推进中国中药、国药中生、国药健康产业园等项目；新材料产业方面，重点推进云天化石墨负极、晓支经贸15万吨沥青和15万吨重油等项目。推动传统产业转型升级，推动磷盐化工、钢铁机械、煤炭焦化等传统产业逐步从资源消耗向创新驱动、低附加值向高附加值、耗能污染向环境友好转变。

强化配套产业培育。鼓励高等院校、科研机构、科技人员创办一批科技型中小企业，支持大型企业通过改革创新衍生一批具有较强成长性的中小企业，加快培育一批中小企业群体，切实提升产业配套水平。实施配套中小微企业转型升级引领扶持行动计划，支持制造业龙头企业、专家、人才与中小企业结对帮扶，建立合作平台，推动配套中小微企业转型升级、快速发展。

图2-30 云南滇中新区临空产业园

（三）2019年工作展望

1. 以创新引领为突破，激发发展活力

创新体制机制。加快理顺新区与昆明市、三市县区、各直属管理机构的权责利关系。创新人才支撑。加快实施滇中引才引智计划，紧扣新区发展需要，实施更加开放积极的创新人才引进政策。创新科技引领。实施科技兴区战略，大力鼓励支持企业、科研院所开展产学研合作、新产品研发、关键技术攻关、创新成果产业化。

2. 以片区开发为重点，优化发展布局

创新片区开发建设模式，吸引撬动更多社会资本参与片区开发建设。小哨片区按照“整体规划、分片开发”的思路，积极向大型知名企业推介该片区。东盟产业城片区全力加快推进概念性空间发展规划、可行性研究报告编制等前期工作。李其片区加快引入总部经济、金融商贸、文创旅游等项目，确保年内完成滇中空港商务广场以及配套公园、地下空间开发等项目建设。安宁市围绕石化产业园、武家庄、观音山等片区，嵩明县围绕汽车产业园、长松园、小街工业园等片区，空港经济区围绕综保区二期、综合保税区扩展区等片区，加快土地收储和土地一级开发工作。

3. 以招大引强为导向，增强发展动力

紧盯新区“533”产业发展战略，推动招商引资从“单一项目、单一企业”向“构建完整产业链、促进产业集聚发展”转变。

4. 以产业建设为主线，壮大发展实力

在工业项目上，重点推进江铃汽车、京东方OLED微显示器，中关村·电子城项目二期等项目；在文旅项目上，积极推进大白鲸奇幻世界一期、华熙安宁温泉小镇、安宁太平妥乐等项目。在商贸物流项目上，大力推进宝湾物流港、圆通快递云南总部等项目。

5. 以配套建设为依托，筑牢发展支撑

在交通项目上重点推进机场北高速、长龙高速等项目建设。在地产项目上，重点推进国际生态养生城一期、浩创云著等地产项目建设。在民生项目上，重点推进云南财经大学安宁校区、滇中新区东区人民医院等民生保障项目建设。

6. 以项目落地为目标，加快发展速度

在项目谋划上，认真研究国家的产业投向和资金流向，加强与上级对口部门的衔接汇报。在项目服务上，始终如一地搞好服务，做到靠前服务、主动服务、延伸服务、全程服务。在项目管理上，建立项目建设失责惩戒机制，对失职渎职、工作不力阻碍项目建设进度的，坚决追究有关人员责任。

十六、哈尔滨新区

图2-31 哈尔滨新区夜景

（一）2018年工作成效

1. 经济社会发展

2018年，哈尔滨新区实现地区生产总值768亿元，增长8%；规模以上工业快速增长，规模以上工业增加值增长约9%；固定资产投资增长约2%；消费升级商品持续旺销，社会消费品零售总额增长约5%；财政收入高速增长，完成地方公共财政预算收入47亿元，增长21.4%；实际使用内资601.3亿元，实际使用外资22.8亿美元，占全市的62.5%。

2. 创新体制机制

加快组建新区机构，积极推进跨江发展战略。黑龙江省委、省政府出台《关于支持哈尔滨新区改革创新促进高质量发展的意见》，支持推动新区开展体制机制创新。哈尔滨新区管委会正式挂牌。

3. 服务国家重大战略

坚持把中俄全面合作重要承载区作为主攻方向，深化新区对俄农业、科技、教育、经贸、金融、人文旅游等各领域合作交流，新区对俄全面合作的承载功能显著提升。务实推进区域对口合作发展。哈尔滨（深圳）产业合作园区前期工作加快推动，完成产业园区选址，确定了1.53平方公里的新兴产业生态园为核心启动区；哈尔滨松北（深圳龙岗）科技创新产业园上升为省市重点推进项目，采用深圳标准、深圳门槛，实行异地协同审批模式，已有19家企业签约入驻，松北区企业服务中心试点即将投入运行；成功召开深圳·哈尔滨新区双向投资交流会；哈长城市群区域合作加快推进，哈尔滨-长春协同发展合作框架协议正式签署，启动哈长城市群一体化示范区建设。

4. 打赢打好三大攻坚战

坚决打好防范化解重大风险攻坚战。通过严格控制债务规模、调整投融资模式、做好债务置换、降低债务成本、优化债务结构，推行PPP模式，处置闲置国有资产偿还债务等方式，有效化解政府债务。

坚决打赢污染防治攻坚战。综合施策治理垃圾围城、内河水系、黑臭水体、空气污染等顽疾，连续两年秋冬实现秸秆禁烧“零火点”，松北呼兰垃圾焚烧厂实现运营，秸秆综合利用率达到75%以上。

坚决打好精准脱贫攻坚战。以产业扶贫为核心，以激发贫困群众内生动力为关键，推动实现物质和精神“双脱贫”，对区内贫困户实施精准脱贫措施，确保按计划全部实现脱贫。

5. 高水平对外开放

编制《黑龙江（中俄）自由贸易试验区哈尔滨片区建设规划》。全面推行负面清单管理模式，复制推广自贸区投资管理领域、金融领域等改革试点经验61项，推出创新改革措施8项。聚焦中俄全面合作重要承载区的国家战略定位，加快推进以对俄为主的全方位对外开放。

6. 集约节约发展

按照“多规合一”要求，将老城区人口和功能导出与新区导入结合起来，构建立体城市框架，谋划形成“1+4”总体规划、19个重点专项规划、4个行动方案、8个重点研究课题的新区规划体系大纲，为推动新区各项发展提供科学指引。《哈尔滨新区总体规划（2016—2035年）》已编制完成，待省政府批复后，纳入新一轮城市总体规划。

（二）实体经济发展情况

1. 坚持加强招商引资

全年新引入亿元以上项目64个，协议引资额606.8亿元。龙商能源总部、中融国际信托金融总部大厦、华兴玻璃等投资10亿元以上的重大项目签约落地。盈石集团、唯品会、乐聚机器人、中通国际等一批产业链上下游优质企业入驻。深哈新兴产业合作生态园、通航产业综合示范区核心区、中铝龙江铝镁产业园、军民融合产业园、碧海产业园、机器人小镇等重点园区项目规划建设加快推进，哈工大空间激光通信产业园投入使用。

2. 坚持发展实体经济

全区94个重点产业项目全部实现开复工，实现投资116亿元。京东亚洲一号哈尔滨物流园、东安汽车发动机6AT自动变速器扩能等项目开工建设，天晴干细胞临床制备中心等19个项目竣工投产。创新驱动步伐加快。高标准承办了国家发展改革委“2018创响中国·哈尔滨站”系列活动。九洲电气共享科技服务产业园正式启动。科技成果转化“市场导入”试点启动实施，与哈尔滨工业大学共建科技成果产业化基地。形成“众创空间—孵化器—加速器—产业园”全链条成果转化和技术孵化体系，集聚各类孵化器63个，转化科技成果20多项。重点产业发展加速。落实产业配套对接、各类要素引领扶持、兑现承诺政策等措施，帮助企业降本增效、提档升级，新区主导产业、战略性新兴产业和高技术产业等重点产业发展持续提速，工业高端

图2-32 哈尔滨融创文化旅游城

化发展步伐进一步加快。江北 体发展区完成工业总产值约352.7亿元，同比增长15.4%。以生物产业、新能源汽车、高端装备、新材料、新一代信息技术为代表的战略性新兴产业，完成产值约158.5亿元，同比增长20.6%。

（三）2019年工作展望

1. 聚焦培育壮大新动能，激发创新驱动内生动力

完善新区产业规划。加快出台《哈尔滨新区产业发展规划》。强力推进产业项目建设。统筹推进95个重点产业项目建设。全面推动园区建设提档升级。力争哈尔滨（深圳）新兴产业生态园和宝能国际经贸科技园开工建设，松北（龙岗）科技创新产业园新签约入驻企业快速增长，国际贸易服务中心、金融商务中心和中俄博览中心初具规模。复制先进园区开发管理经验，吸引更多优质企业入驻。加快推动国家级双创示范基地建设。

2. 聚焦优化营商环境，全面深化改革

推进营商环境改革创新。对标自贸区标准，与省营商环境建设监督局开展合作，构建具有新区特色的高质量发展指标体系、高标准营商环境评价体系。全方位承接省市权力下放。细化与省市部门工作衔接，完善行政权力事项承接落实工作配套措施，确保承接顺畅、运行常态。继续深化放管服改革。推动审批流程再造，打通各部门信息孤岛，推进“互联网+政务服务”，实现“网上办的不用跑、现场办的跑一次、限时办的我来跑”。强化事中事后监管，将监管结果与区内企业享受政策扶持、银行贷款、招投标等相挂钩，营造规范的政府监管环境。

3. 聚焦对俄合作，构筑开放发展新高地

打造中俄科技转化平台。积极引进俄罗斯科研机构在新区设立研发机构，鼓励支持新区内企业到俄罗斯并购、合资、参股创新型企业和研发机构。探索建设对俄科技成果展示平台，在对俄科技合作成果认定、展示、登记等方面为企业提供服务。打造中俄金融合作平台。支持哈尔滨银行拓展对俄业务，规划建设新区分行。继续筹备办好中俄金融圆桌会议，争取俄籍银行到新区开办代表处或分行。主动承接俄资金融机构落户和业务创新试点。不断扩大中俄金融联盟总部基地影响力，建设对俄金融综合服务平台。

4. 聚焦绿色发展，建设生态文明城市典范

补齐垃圾处理短板。全面推行城区生活垃圾统一收集、密闭运输、集中处置，扩大城区生活垃圾分类试点，加快推进垃圾焚烧发电厂建设。实现污水处理“提标”。严格落实河长制与河道警长制。

5. 聚焦载体功能，提升新区品质

努力增强城市承载功能。加快江南老城区功能疏解，推动公共基础设施项目和公共服务资源向新区倾斜。全面实施乡村振兴战略。培育完达山、杏林牧业等龙头企业和家庭农场等新型经营主体，加快美丽乡村建设，提升乡村公共基础设施建设水平，推进农村人居环境整治，全面打赢脱贫攻坚战。

6. 聚焦公共服务供给，提高保障和改善民生水平

推进现代教育体系建设。深入实施“一体化、一中心、双引擎”创新驱动工程。加快构建医疗卫生体系。积极争取协调三甲医院在新区布点建设有特色、高水平的医疗机构。创新医疗药品供应体系，依法规范医疗市场，压降市民看病成本。完善就业创业和社会保障体系。进一步加大就业创业扶持力度，推动大众创业、万众创新。建设以居家为基础、社区为依托、机构为补充的多层次养老服务体系。加强社会救助、社会福利、优抚安置工作，健全社会服务保障体系。

十七、长春新区

图2-33 长春新区政务服务中心

（一）2018年工作成效

1. 经济社会发展

2018年，长春新区实现地区生产总值完成966亿元，增长8.1%；规模以上工业产值完成789亿元，增长13.4%；固定资产投资完成352亿元，增长25.2%；一般公共预算收入实现16.6亿元，增长24.2%；各类市场主体呈爆发式增长，月均增加600户以上，增长28%，累计达到39035户。

2. 创新体制机制

以长春新区为核心的长吉图科技成果转移转化示范区获得科技部批准并加快建设，长春新区国家“双创”示范基地顺利通过国家发展改革委和中国科协的考核验收，国家知识产权运营公共服务平台北方平台落户长春新区。全力谋划推动“数字新区”建设。科技“创新券”继续在全省发挥引领作用，发放创新券4826张，金额达到1691.2万元。通过优化上市资源，成功推动中机试验装备有限公司在“新三板”挂牌，全区上市企业10家，“新三板”挂牌企业24家。

3. 服务国家重大战略

抢抓吉林与浙江、长春与天津对口合作机遇，深度推进与津、浙两地的经济组织和企业间的对接合作，分别与天津滨海新区和杭州高新区签署了对口合作框架协议。重点洽谈了天津卓朗云计算数据中心、天津四方缘通东北总部、天津卓辉碳化硅生产、浙江商会康养社区等四个项目。

4. 打赢打好三大攻坚战

推进建立“疏堵并举、防治结合”的综合治理长效机制。集中开展打击非法集资专项行动，严厉打击非法集资、金融诈骗等违法犯罪活动。强化金融监管。强化对扶贫产业资金、农合补助资金、残疾人创业扶持资金、特殊学生和贫困学生补助资金的监管。截至2018年12月1日，长春新区所有未脱贫人口已全部实现脱贫。全力推进生态环境保护，打好污染防治攻坚战。全力做好秸秆禁烧和综合利用工作，着力实施农村人居环境整治，1863户农村厕所改造任务全面完成。

5. 高水平对外开放

围绕打造“一带一路”北线新平台，高标准建设“两港”及国际商务区等功能性平台。国际商务区加快建设，其中，总投资94.5亿元的天都国际商务中心完成海容广场B座地上22层、洲际酒店地上5层、假日酒店地上12层；总投资63亿元的龙翔国际商务中心A区部分建筑已封顶。

6. 集约节约发展

完善“多规合一”的规划体系，结合新区发展实际，确定了以《长春新区发展总体规划》为引领的三百余项规划编制项目库。开展6个类别，20个编制项目的规划编制工作。

（二）实体经济发展情况

1. 突出招大引强，加快培育新的经济增长点

不断创新招商体制，建立了新区和下辖开发区“1+4+12”的专业化招商体系。全年签约落位项目114个，其中10亿元以上项目43个，世界500强企业项目2个；全年开工亿元以上项目189个，工业类项目占开工项目总数的32.3%，项目开工数量和体量均位居全市前列。全年实际利用内资157.44亿元，利用外资7388万美元，有力支撑了实体经济发展。

2. 加快培育战略性新兴产业

大力发展光电信息、生物医药、航天信息、新材料新能源等战略性新兴产业项目，制定出台支持战略性新兴产业发展政策，对符合条件的企业最高给予5000万元补贴。全年战略性新兴产业项目数量占全部工业项目总数的55%，实现产值249亿元，同比增长14.4%。

3. 积极推进数字经济发展

全力推进东北亚大数据产业园、京东云吉林数据中心等特色园区和重点项目建设，签约落位东北亚大数据交易中心、新浪大数据舆情北方基地等10余个项目，华为长春云计算数据中心正式上线，“数字经济”产业生态链进一步完善。依托华为、京东云、长光卫星等数字平台优势，引导数字企业与智能装备、装配式建筑、航天信息等各类产业园区对接，推进信息技术在高端装备制造、航天信息等产业领域渗透和应用。

4. 不断提升科技创新能力

联合中国科学院东北地理所、吉林大学等高校院所组建了“技术创新战略联盟”，与北京中关村共同建设“一园区一中心一基地”，逐步吸引创新资源向新区转移；围绕推进“大众创新、万众创业”，培育省级以上创业孵化基地34个、中小企业公共服务平台17个、产业技术研发中心56个，各类“双创”平台达到122个，在孵企业2451户，吸纳就业人员17800人；实施创新主体“双倍增”计划，培育高新技术企业总数达到256户、科技型“小巨人”企业达到177户，培育了“吉林一号”

图2-34 长春新区长春中俄科技园

卫星、吉湾微电子等重大成果，市科技大市场交易额达到300亿元。

（三）2019年工作展望

1. 强化“大项目”支撑，不断壮大实体经济规模

突出“项目立区、项目为王”，深入推进“三抓”“三早”行动，扎实开展春秋两季项目集中开工，强化项目包保服务，全力做好水电气热等要素保障，努力破解征拆、土地供应、项目开工手续办理等难题，为项目建设创造有利条件。

2. 强化“新产业”带动，增强高质量发展内生动力

借助国家支持新一轮东北全面、全方位振兴的有利机遇，争取吸引一些国家级的平台和载体落位，主动承接国家支持东北振兴的重大项目，为新区长远发展打下基础。

3. 强化“数字化”引领，全力推动“数字新区”建设

结合省市“数字吉林”和“数字长春”建设的实施意见，研究制定“数字新区”发展总体规划，全力谋划和推动“数字新区”建设。

4. 强化“大开放”意识，着力提升对外开放水平

坚持“立足吉林、放眼全国、走向世界”的开放思维，全力加快国际物流园、国际航空港、核心商务区、国际合作园区等开放平台建设，确保按期完工、发挥效用。

5. 强化“绿色化”方向，全面建设宜居宜业新城

按照“绿色、智慧、人文”的发展思路，集约节约利用土地，科学有序、适度超前地推进重大基础设施和生态工程建设，全力推进“三路七桥”建设；加快实施新一轮环境提升工程，推动龙泽湖景观提升、饮马河水系治理、干雾海河防洪及景观等重大生态工程，完成伊通河北北段改造全部工程建设。全面实施乡村振兴战略，开展农村人居环境综合整治，加快农村厕所改造、生活垃圾治理和畜禽养殖废弃物资源化利用，完成农村饮水安全工程。

6. 强化“人本化”思维，不断增强人民群众获得感

坚持“企业至上、服务为先”，进一步深化体制机制创新，逐步构建“大部制、扁平化”管理体制，减少管理层级，提高服务效能。围绕综合经济体制、农业农村、投融资体制、社会管理体制等8个方面，搞好改革设计，进一步深化行政审批改革，重点推进“最多跑一次”“证照分离”“标准地+承诺制”和诚信新区等改革工作，深入推进全流程精细化服务，全力打造规则无偏见、办事不求人、投资有商机的全国一流营商环境。坚持“以人民为中心”的发展理念，进一步优化教育、医疗等社会事业布局。谋划建设公共交通、文化、体育、养老、娱乐休闲等公共服务设施，尽快形成“功能齐全、通达方便、服务优质”的生活圈，提高群众的幸福感和满意度。

十八、江西赣江新区

图2-35 江西赣江新区儒乐湖新城市民公园

（一）2018年工作成效

1. 经济社会发展

2018年，江西赣江新区实现地区生产总值734亿元，增长9.6%；财政总收入124.05亿元，增长14.8%；一般公共预算收入57.1亿元，增长10.2%；固定资产投资增长17.5%；规模以上工业主营业务收入2128亿元，增长17.5%。社会消费品零售总额203.9亿元，增长13.5%；实际利用外资11.45亿美元，增长10.6%；出口总额118.14亿元，增长42.9%。

2. 创新体制机制

科技创新动能更加强劲。江西赣江新区围绕产业链部署创新链，依托创新链培育产业链，着力构建以企业为主体、市场为导向、产学研结合的科技创新机制。

人才红利更加凸显。江西赣江新区以“人无我有、人有我优、人优我新、人新我特”为特色，出台人才新政“升级版”，推出“赣江海智”“赣江创新”“赣江创业”“赣江杰青”四项人才计划，采用评用分离机制，创新人才申报落户流程。

金融创新活力更加彰显。着力整合国家绿色金融改革创新试验区、国家“双创”示范基地、国家级人力资源服务产业园等“国字号”招牌，成立绿色金融示范街建设工作领导小组等议事协调机构，统筹推进汇集绿色金融示范街、“双创”集市和人力资源服务产业园的绿色创新发展综合体建设，目前已聚集各类企业341家，进一步促进了资本、人才、科技、产业的聚集、聚合、聚变。

3. 服务国家重大战略

江西赣江新区积极融入“一带一路”、长江经济带、粤港澳大湾区、长三角一体化等国家战略，举(承)办赣京绿色金融合作推介会、赣港绿色创新发展推介会、赣沪生物医药招商引资推介会、第二届中德汽车大会等重大招商推介活动。与北京中关村、中国航天科工集团等签订合作框架协议，扎实推进中国技术交易所赣江科创中心、军民融合智慧海派基地等项目；积极对接深圳前海蛇口自贸片区，复制推广36条制度创新成果，在设立深港青年梦工厂创新创业平台、金融风险评估预警、城市基础设施BIM技术应用等方面开展深入合作。开展“请乡友回家乡、请校友回母校、请战友回驻地”活动，汇聚长三角、珠三角、闽东南等地人才、技术、资本等要素，推动乡友、校友、战友总部回迁、项目回移、资金回流、技术回馈，为新区发展凝聚更多的智慧和力量。

4. 打赢打好三大攻坚战

江西赣江新区坚持问题导向，务求实效，坚决打好三大攻坚战。充分发挥绿色金融改革创新试验区作用，实行绿色金融改革与防范化解重大金融风险结合的模式，做好政府债务等重点领域风险防范，搭建地方政府债务监管系统，实时监控投融资平台债务风险，统筹抓好地方政府债券发行和债券资金管理工作。开展“财园信贷通”转贷业务，提升金融服务实体经济的能力，助力民营企业翻过“三座大山”。同时，推动绿色金融改革与扶贫攻坚工作齐头并进，开发了“畜禽洁养贷”等绿色金融产品，构建金融扶贫新模式。牢固树立“绿水青山就是金山银山”的理念，统筹做好治山理水、显山露水文章，科学划定新区“三区三线”，实施最严格的生态环境保护制度，积极开展城市功能与品质提升、城乡环境综合整治行动，推进生活垃圾强制分类工作，创新开展环境污染责任保险试点，建立市场化、多元化的生态补偿机制，打造人与自然和谐共存的生态新区。

5. 高水平对外开放

江西赣江新区立足得天独厚的区位优势，着力培育开放“硬实力”和“软环境”。一方面，围绕“一区三口岸”（“一区”即南昌综合保税区，“三口岸”即昌北国际机场、龙头岗综合码头、昌北铁路物流基地的空水陆口岸），建设国际多式联运中心。另一方面，在北京、上海、深圳以及美国、德国、英国、奥地利、泰国等地设立招商引资和招才引智中心，构建了全球引资引智开放网络。组建赣江新区国际仲裁院，打造服务中西部地区的国际化仲裁机构。

6. 集约节约发展

突出规划引领，绘制最美蓝图。主动对接长江经济带发展规划，对标河北雄安新区总体规划，组织中国城市规划院、上海同济规划院、美国SWA公司等国内外一流规划团队编制赣江新区规划。按照“多规合一”理念，加快推进赣江新区总体规划和各专项规划编制，初步构建了“1+N”规划体系。

突出产城融合，加快新城建设。赣江新区重点规划的“一区”（儒乐湖新城现代服务业聚集区）、“四园”（儒乐湖光电信息产业园、新能源汽车产业园、军民融合示范产业园、中医药科创城产业园）、“四小镇”（文化旅游小镇、健康活力小镇、意大利风情小镇、创新创意小镇）项目全速推进。

突出智慧健康，提升城市品质。赣江新区将生态城市、海绵城市、智慧城市理念贯穿于新城规划建设全过程，随形就势形成组团式、园林式、嵌入式的空间布局，实现中心商务区集中高效，生活区“小街区、窄马路、密路网、宜尺度”的规划格局，建设交通慢行系统、滨水生态系统、地下城市系统和智慧能源系统。

（二）实体经济发展情况

1. 提升招商引资水平

围绕光电信息、生物医药、智能装备制造、新能源与新材料、有机硅、现代轻纺六大主导产业，加大招商引资力度。2018年，赣江新区共签约招商引资项目212个，总投资超2000亿元，其中超100亿元以上项目4个，世界500强、中国500强企业投资项目18个。

2. 发展高端高新产业

进一步创新体制机制，培育协同创新的生态圈，打造现代产业体系。新区高新技术企业数量从成立前的55家增至196家，科技部认定的中小型科技企业新增72

家，发明专利拥有量从303件增至994件，每万人拥有量16.5件，是全国平均水平的1.4倍。

3. 培育产业集群

重点推进江铃新能源、省级智能制造基地、航天科工军民融合示范基地、格特拉克变速箱研发中心等项目建设，形成了光电、新能源汽车及汽车零部件、电子信息等产业集群，打造了欧菲光、智慧海派等一批年产值过百亿元的企业。依托江西中医药产业优势，建设中国(南昌)中医药科创城，形成完整的中医药产业集群。中国中医科学院江西分院、道地药材认证标准检测中心等一批国家级研发机构平台顺利落地或投入运行。

4. 推动产业转型升级

支持鼓励企业加大创新投入，加快数字工厂、数字车间建设，进一步加快“腾笼换鸟”“机器换人”步伐。支持现代轻纺、有机硅等传统优势产业加大技术改造和技术创新投入，欧菲光、洛客智能制造等公司获得工业和信息化部及省级专项资金支持。依托华润医药和江中集团资源优势和资金优势，战略重组桑海、济生两家“老字号”药厂，新建江西省院内制剂中心、中医经典名方研发中心等一批产研项目。同时，运用“互联网+”模式，推动传统产业“老树发新枝”。成立全国首家有机硅电商平台、江西首家工业实体企业电商平台、“互联网+羽绒服装产业”平台等。

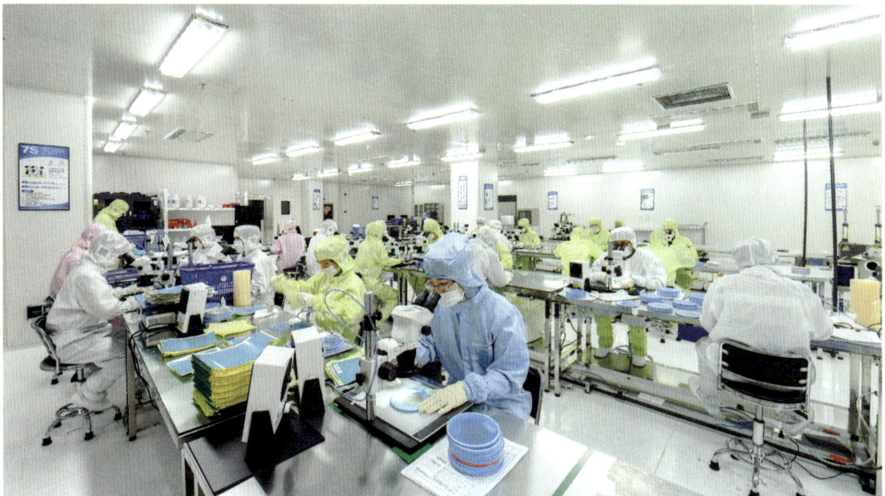

图2-36 江西赣江新区凯迅光电芯片目检

（三）2019年工作展望

1. 强化产业支撑，着力打造经济新引擎

紧紧围绕构建协同发展的现代产业体系，突出重点产业，整合优质资源，推动“众创业、个转企、小升规、规转股、股上市、育龙头、聚集群”，打造一批具有核心竞争力的产业集群。培育壮大战略性新兴产业，推动传统优势产业转型升级，提升产业服务配套水平。

2. 聚焦改革创新，着力培育发展新动能

坚持把改革创新摆在突出重要位置来抓，进一步强化创新意识，加大改革力度，用好用足中央和省里赋予的各项改革试点，努力形成一批有知名度的改革创新成果。

提升科技创新能力。突出企业主体地位，鼓励企业加大创新投入，加强技术中心、工程（技术）研究中心、重点（工程）实验室等建设，促进企业内部研发机构扩大规模提升水平。

深化供给侧结构性改革。主动适应经济发展新形势新变化，积极推进投融资体制改革，综合运用“财政资金+土地+优质资产”“金融牌照+债券+基金”“基金+壳资源+优质项目”等方式，进一步防范化解金融风险，破解融资难题。

持续推进“放管服”改革。进一步深化机构改革，推动应急管理、生态环境、自然资源等机构事前行政审批整合与事中监督管理分离，加快组建综合行政执法局，开展城乡环境保护统一监管和行政执法试点。

3. 提升开放水平，着力构建内陆开放新高地

加快建设多式联运中心。推进赣江新区智慧航空港物流中心建设，大力发展铁海联运、江海联运，有效降低物流成本。

全面复制自贸区经验。深化与深圳前海蛇口自贸片区合作，再复制一批自贸区改革试点成果，在全省率先建立同国际投资和贸易通行规则相衔接的制度体系，逐步形成投资贸易自由、规则开放透明、监管公平高效的自贸区管理模式。

进一步鼓励外商投资。借鉴中新天津生态园、中德青岛生态园等经验做法，坚持政府引导、市场运作的原则，积极开展产业合作与交流，加快引进外国资本、先进技术和管理经验，鼓励外商投资企业参与区中园、一区多园等建设运营，推进高端项目集聚和特色产业培育，推动产业转型升级。

4. 完善城市功能，着力建设宜居宜业新城

在推进新型城镇化、城乡一体化上积极探索，大胆创新，进一步优化城镇空间形态和布局，提升城市品位和管理水平，增强综合承载能力，打造大南昌都市圈的新引擎。

丰富城市功能内涵。科学安排城市功能布局，坚持主体功能、混合用地的原则，使工业、商业、住宅、办公、文化、休闲等不同功能区相互交织、有机组合。

促进组团融合发展。按照“全区一盘棋、规划一张图、目标一个调、组团一条心”的原则，促进四个组团相互融合、优势互补。

提升群众幸福指数。牢固树立以人民为中心的发展思想，扎实推进一批民生工程，办好一批惠民实事。探索建立多主体供给、多渠道保障、租售并举、租售同权的住房制度，开展只租不售、先租后售、以租代售、共有产权等制度创新，让在新区创业就业的人群住有所居、安居乐业，不断提升群众幸福感、获得感。

十九、河北雄安新区

图2-37 河北雄安新区管委会

（一）2018年工作成效

1. 稳固打牢基础，为新区大规模开发建设提供坚实支撑

高标准高质量组织规划编制。坚持世界眼光、国际标准、中国特色、高点定位，汇聚国内外知名专家学者，精心组织新区规划编制工作，形成了全域覆盖、分层管理、分类指导、多规合一的“1+4+26”高质量规划体系。当前，新区规划纲要、总体规划、白洋淀生态环境治理和保护规划相继获得正式批复，起步区控制性规划、启动区控制性详细规划正在加紧深化完善，启动区城市设计全球方案征集形成终期成果，新区规划建设技术标准体系初步健全，数字雄安规划建设管理平台上线启用。

科学管控和民生保障协同推进。切实系好雄安新区规划建设第一颗扣子，不断完善管控思路，优化管控举措，实现637个村驻村全覆盖和管控全方位，驻村干部达到3000多名。同时，组建联合执法队，并根据规划建设不同阶段需求，及时调整管控重点，形成科学化、精准化、差别化、人性化长效管控机制。新区有关领导及三县党政主要负责同志公开手机号码，与群众建立信息直通车，直接回复批转群众短信。着力解决群众生产生活中的实际问题，实施一批医疗、教育、交通等民生领域项目，深入开展“双创双扶”和万人培训、万人就业“双万工程”，多渠道开发就业岗位，抓好就业创业帮扶，超额完成脱贫攻坚任务。

基础性重大项目启动实施。筹建工程建设指挥部和各分指挥部，容东片区开发模式、开发时序、资金保障、决策体制和指挥体系进一步深化细化，商务服务中心项目各项准备工作加快推进。骨干交通路网建设有序展开，京雄城际铁路、雄安站综合交通枢纽场站开工建设，京雄、荣乌新线和京德高速公路等前期工作有序推进。

深入实施环境治理和生态修复。牢固树立和践行“绿水青山就是金山银山”的理念，成立新区生态环境保护委员会和大气、水、土壤3个污染防治工作专项小组，将生态环境保护作为对新区三县的重要考核内容。深入实施白洋淀及流域综合治理，建立与周边区域生态环境协同治理长效机制。

2. 加快开放创新，为创造“雄安质量”提供内在活力

党中央、国务院《关于支持河北雄安新区全面深化改革和扩大开放的指导意见》和省委、省政府《关于深入推进雄安新区规划建设的实施意见》相继出台，财税、金融、雄安质量等配套文件相继制定，支持新区深化改革和扩大开放的“1+N”政策体系初步形成。

有序推进承接北京非首都功能疏解工作。坚持承接疏解导向，在新区规划建设每一领域、每一环节，都突出以保障北京非首都功能疏解和人口转移为目的，正在系统研究制定土地、财税、户籍、教育、医疗、社保、住房、城市积分、人才等一揽子引导性政策，从功能布局、基础设施配套、资源要素配置、公共服务打造等方面，创造良好承接环境。

着力抓好创新资源集聚和产业转型升级。引进高水平研究机构和科创资源，对接知名高校在新区设立高水平研究机构和创新平台，推动以新机制、新模式建设雄安大学。加快推进新技术应用，与中国电信、中国电科、中国移动、中国联通等大型通信类央企全面合作，共同创建全球信息通信基础设施的标杆和先进信息应用的示范区。

3. 加强干部队伍和组织体系建设，为高质量高标准推进雄安新区建设发展提供坚强组织保障

创新机构设置。按照“党政合设”和“优化、协同、高效”的原则，组建中共河北雄安新区工作委员会、河北雄安新区管理委员会，实行两块牌子一套人马，为省委、省政府派出机构，负责直接组织指挥、统筹实施新区开发建设管理工作，对雄县、容城、安新三县及周边区域实行托管，总体实行“大部制、扁平化”管理模式，设置“1办1部5局”内部机构，建立“新区领导—部门主管—业务主办”三级管理层级，业务主办直接对部门主管负责，变身份管理为岗位和能力管理。

干部队伍建设不断加强。中央部委和北京、天津、上海、广东等地选派了一批高素质年轻干部到新区挂职。研究制定了《关于雄安新区引进海内外高端人才的实施意见》和《河北雄安新区专业人才招聘工作方案》，有序开展公开招聘专业人才、审批专职人员和辅助性岗位工作人员等工作。

（二）2019年工作展望

2019年，雄安新区将深入学习贯彻习近平新时代中国特色社会主义思想，全面落实党中央、国务院和河北省委、省政府各项决策部署，学习借鉴其他国家级新区的好做法、好经验，进一步完善规划和政策体系，创造一流营商环境；进一步抓好重大基础设施和配套公共服务项目建设，营造良好发展环境；进一步做好北京非首都功能疏解承接工作，主动对接，尽快启动一批标志性项目，形成聚集优势和示范效应；进一步深化环境综合整治，持续开展白洋淀生态环境治理和保护，大力推进大气污染防治、流域综合治理、淀区生态修复、植树造林和国土绿化工作，构建优美自然生态环境；进一步推进体制机制和政策创新，全面深化行政体制、财税金融、土地住房、人口人才制度等改革，完善政策支持体系，广泛吸引先进要素和优质资源集聚；进一步加强科学管控和社会治理，稳妥推进征迁安置，着力办好民生实事，调动群众参与支持新区建设的积极性，确保大局和谐稳定，为新区下一步建设发展创造良好环境。

3

特色亮点篇
典型经验展示

国家级新区优化营商环境经验和建设发展典型案例

一、2018年国家级新区优化营商环境经验做法

（一）上海浦东新区

1. 构筑行政效率最高和服务管理最规范的政务服务环境

完成国务院批准新一批商事制度、医疗、交通运输等10个领域的47项许可事项改革，以及自我加压的35项自主改革事项；首批实行全国统一“二十四证合一”，全面推进政务服务“一网通办”，做到面向企业的线上线下服务事项一网受理、一次办成。

2. 构筑最为便利的开放型经济环境

英国韦莱保险经纪公司、怡和保险经纪公司成为全国首批获准扩展经营范围的外资保险经纪机构，全国首家外资资信评级机构穆迪独资子公司等落户浦东；保加利亚、匈牙利等国别（地区）商品中心投入运营；全国首个国际化期货品种——中国原油期货挂牌交易，成交额位居全球第三。

3. 构筑最具活力的科技创新环境

制定发布“人才发展35条”，建设人才“一站式”服务的浦东人才港，设立新区产业创新中心、海外创新创业联络站、新区小微企业增信基金、浦东科创金融服务基地等。加快知识产权保护平台建设，做强中国（浦东）知识产权保护中心，接通“中国专利审批系统”专线，中国（上海）自贸区版权服务中心试运营，建设国家知识产权运营公共服务平台国际运营（上海）试点平台。

4. 构筑最完善的法治保障环境

构建“1+4+X”信用制度框架，建立覆盖企业全生命周期的信用监管应用体系，建立完善政务诚信管理体系和加强政务重点领域建设；制定实施《浦东新区关于建立公平竞争审查制度的实施意见》，加快建立新区公平竞争审查联席会议；率先开展区级标准试点，率先发布《社会治理指数评价体系》《“家门口”服务规范》等首批区级标准。

（二）天津滨海新区

1. 高标准制定营商环境创建目标

对标世界银行营商环境评价10个一级指标、42个二级指标，逐项制定营商环境指标。实施企业设立登记全程电子化。全面推行工程建设项目“以函代证”“函证结合”办理机制，实现一般社会投资工程建设项目开工前所有手续办理时间不超过80个工作日。用电业务“一证办理”，非居民客户平均接电时间压减至40天。企业办理不动产转移登记环节减少至4个，办结时限减少至5天内。

2. 打造高效政务服务环境

推进“一制三化”审批制度改革。着力落实“五减”“四办”改革。减少区级行政许可事项申请材料650件，减少证照58个，取消环节70项，减少办理时间60%以上，取消66项公共服务证明。实施“证照分离”改革，对28项许可事项实行告知承诺制，编制《告知承诺书》，2018年共办理告知承诺审批991件。开发建设市场主体网上登记服务平台，在全国首次实现电子执照“无介质”和跨领域共享互认。编制646项区级公共服务事项办事指南并录入系统，政务服务事项网上可办率达到90%。针对退休人员养老金领取认证、养老保险死亡注销等问题，采取远程人脸识别、信用承诺等方式疏解办事堵点。推出63项“滨海通办”审批业务，新区和各功能区之间彼此收件，后台分区审批，一口出件，实现真正就近可办。

（三）重庆两江新区

1. 优化行政法治环境

制定出台《两江新区进一步优化营商环境“十项行动”方案》，部署营造良好法治环境、规范涉企行政执法行为、推动行政审批改革、优化公共资源交易环境等主要任务，一批世界500强项目和行业龙头项目落地，签约项目240个、投资1729亿元。

2. 突出产业配套服务

立足资源禀赋和产业基础，紧盯世界500强、中国500强和国内外行业领军企业，围绕汽车、电子、装备、生物医药等重点支柱产业招商，以及科技创新、高校、科研院所等创新要素招商，加快引进强链补链型、集群配套型、龙头基地型项目和配套企业，建立重庆市IC（汽车应用）等产业联盟，实现上中下游项目集聚发展。

3. 完善招商工作机制

落实招商引资领导责任制，党工委管委会主要负责同志带头抓项目、跑招商，完善招商统筹机制，按照“市场化运作、企业化管理”的原则改革招商集团设置，强化招商集团、直属国有企业、园区公司、管委会相关部门等招商主体作用，进一步理顺职责分工，推动形成条块联动、齐抓共管的招商合力。

4. 优化招商政策环境

完善关于先进制造业、科技创新、总部经济、金融业4个“黄金十条”招商政策，兑现金额29亿元。推动企业降本增效，设立25亿元“资金池”，兑付企业税收、产业扶持资金53亿元，深化售电侧、供气侧、工业用地差别化供应等改革，社保费率调整为企业减负近10亿元，全覆盖集中走访民营企业569家、解决问题400余件。深化“放管服”改革，实施建筑、房地产企业资质、施工许可审批告知承诺制，西南首套不动产登记智能发证设备投用，首创行政处罚群众公议制度，重商、亲商、安商的良好氛围更加浓厚。

（四）浙江舟山群岛新区

1. 提升政府服务效率，优化营商环境

开展“最多跑一次”百日攻坚，实现“最多跑一次”100%全覆盖、事项100%全进驻、网上申报渠道100%全开通、投资项目2.0平台100%全应用，63.25%的民生服务事项实现“一证通办”，一般企业投资项目开工前审批“最多100天”实现率达87.5%。深化“多证合一”“证照联办”“证照分离”改革，企业常态化开办时间缩短到3个工作日。工程建设项目审批制度改革成为全省样板，一般企业投资项目开工前审批实现最多跑一次、最多100天。建立全国首个工程建设项目全流程全覆盖审批管理系统，审批时间（包括中介服务）压缩至42个工作日。国际贸易“单一窗口”“船舶工具”“一单四报”模式在全国推广，成为全国首个船舶进出境通关无纸化口岸，船舶进出境通关办理时限由16小时缩减到2小时，口岸货物进出口通关效率处于全国领先水平。加快政府数字化转型，政府数字化转型顶层设计和三年行动计划基本形成，全面实现“掌上办公”。

2. 强化落地服务营造亲商环境

健全外来投资企业服务体系，积极复制推广企业注册“一条龙”服务，各区块相应建立服务团队，为企业用户提供一站式服务。企业投资服务中心实质化运作，设立了代理注册、投资咨询、税务咨询、人力资源、知识产权等服务窗口，为企业提供政策、商事等综合咨询及代理各类审批等服务。

（五）兰州新区

1. 进一步理顺管理体制

建立了“新区管委会—园区管委会—街道（镇）”三级管理体制，强化园区管委会在开发建设和经济发展方面的职能和乡镇在社会治理和发展保障方面的职能，发挥乡镇服务城市发展和服务群众的功能，有效破解了管理层级多、职责交叉、效率不高等问题。

2. 大力简化投资项目审批

对行政审批制度进行全系统、全流程、全覆盖改革，推行“区域评估、多评合一、多图合一、多测合一、联合验收”新模式，“政府定标准、企业作承诺、部门强监管”新措施，审批事项由原来28项精减为11项，企业、政府投资项目审批时限压缩至30—40个工作日。

3. 持续优化政务服务水平

强化“一个窗口、一张表单、一个平台、一套机制”，努力实现“一网通办”，政务服务网上可申办事项增加至737项，307项服务事项实现“最多跑一次”，取消536项行政许可事项前置要件，政务服务事项网上可办率、可在线受理率、累计在线申报率三项重点考核指标排甘肃省第一。

4. 扎实推进企业注册登记便利化

颁发了甘肃省首张“证照分离”营业执照，在全省率先投用营业执照自助办理终端，做到全程电子化服务。放宽经营范围登记和住所登记条件，实行“容缺登记”制度。

5. 积极解决企业融资难问题

针对实体经济普遍存在的融资难问题，出台加强金融服务支持实体经济发展的意见，多次开展政金企三方对接交流和融资培训。15家企业与14家金融机构达成了各类授信及意向性融资协议金额234亿元，为68个项目、46家企业申请了特色产业贷款。

6. 加强政策集成助力企业快速发展

施行普惠性扶持奖励政策，从投资、税收、生产要素、企业融资、科技创新、住房社保、企业荣誉等方面，给予企业相应奖励，推行税费奖励政策“不来即享”，全年兑现各类奖励资金6亿元。

(六)广州南沙新区

1. 投资贸易便利化水平进一步提升

推出商事登记确认制、“证照分离2.0”、国际营商通、“一口受理，五十证联办”等标志性改革，建成“线上海关”样板间，全球溯源体系将在亚洲太平洋经济合作组织(APEC)成员推广。

2. “放管服”改革深入推进

企业投资项目从取得土地到拿到施工许可实现最快15个工作日完成审批，“带设计方案”项目实现“交地即开工”，政务服务事项60%(1125项)实现“零跑动”，政务服务总体满意度全市第一。

3. 法治化营商环境不断优化

自贸区法院获全国优秀法院荣誉称号，全国首创“属实申述”“社会服务令”改革举措，大湾区暨“一带一路”法律服务集聚区挂牌。

4. 重点领域改革取得新进展

自贸区新警务管理体制改革首个项目落地，制定财政投资建设项目管理体制改革方案，完成国税地税征管体制改革，成立南沙金控、公共资源管控平台，实施村留用地开发与旧村庄更新改造统筹结合模式，全市率先开展共有产权住房试点，改革红利进一步释放。

(七)陕西西咸新区

1. 以顶层设计为统领，持续优化营商环境

出台优化提升营商环境实施方案、“21+5”行动方案、三年行动计划等，基本形成全领域、全员化齐抓营商环境的工作机制，构建了事前审批与事后监管“相对分离、相互监督”的管理体制。成立优化营商环境专项工作组，集中力量挂牌办公，建立“周例会、双周会、月例会”制度，形成“交办—督办—问责”三级联动的工作机制。强化职能监督，聘请100名特邀监督员常态化监督问效，建立暗访机制，曝光典型案例。

2. 以“放管服”改革为抓手，不断提升行政效能

在全国率先实现“互联网+登记注册”全程电子化办照，开办企业平均时间压缩至1.6个工作日，全年微信办照企业占比57.9%。在全省率先推进“证照分离”，针对

高频办件事项推出审批套餐20个，确保企业一次申报，多证办结。建成全省首个与省级平台互联互通的政务服务平台，“3450”综合行政审批系统初步搭建完成，基本实现全流程网上审批，“一次办”事项达到91.7%，“网上办”事项达到86.4%，“店小二全覆盖全天候服务”典型案例在全省推广。

3. 以支持民营经济为导向，不断增强发展活力

完善重大招商项目全程帮办、跟踪落实制，建立在建项目施工秩序警官包抓制，亲商助企领导包抓制，为项目建设和企业运营全力保驾护航。着力破解企业融资难题，出台金融服务专项政策，成立2家担保公司和1家小额贷款公司，促进亚洲开发银行资金落地。弘扬企业家精神，表彰宣传20位“西咸新区优秀企业家”和10位“西咸新区优秀创业者（团队）”，向105家民营企业兑现政策奖励4119万元。

（八）贵州贵安新区

1. “放管服”改革取得新成效

坚持以改革促进开放，以开放倒逼改革，以改革增强活力，以开放不断激发发展动力活力，深入推进11项国家试验示范试点工作，不断创新开发建设体制机制。深化推进行政审批“一章审批、一网审管、一单规范”和政务服务“一号申请、一窗受理、一网通办”“六个一批”服务模式，积极开展“集成套餐服务”试点，缩减材料54.3%，市场活力进一步释放，新增市场主体6843户、注册资本931.7亿元。

2. 管理模式改革迈出新步伐

纵深推进两级扁平化管理体制和大部门制改革，切实理顺党工委管委会、部门、园区、乡镇、国有企业“五大关系”，积极推进聘任制公务员、雇员制改革，实施园区财税分成试点，行政效能进一步提升。招商引资体制机制创新实现新突破，坚持“新区统筹、专班主攻、园区主体”，全力以赴广招商、招大商。

3. 完善产业发展新机制

完善产业扶持资金兑现机制，推动“补贴为主”转变为“投奖结合、以投为主、以奖代补”。项目管理方式创新获得新进展，主动调减和严格控制政府性投资，对存量公益、准公益类项目实施停建一批、缓建一批、推进一批“三个一批”管理，严格执行限、审、结、改、转、盘、追“七大措施”，投资质量和效益明显提升。联合贵州省创业投资促进中心发起设立贵州省创新创业股权投资基金。基金首期规模20亿元人民币，远期总规模为100亿元人民币。

（九）青岛西海岸新区

1. 政务环境力求诚信高效

加快推进社会信用体系建设，建立健全信用联合惩戒机制，创建首批山东省社会信用体系建设示范城市。政务服务大厅入驻行政审批及公共服务事项523项，新划转事项168项，“一次办好”事项实现全覆盖，“零跑腿”比例达到96.3%。在全省率先开展“证照分离”改革试点，推动99项行政审批事项分类改革，相关做法在全国全省“证照分离”改革试点交流会上推广。全面推进“双随机一公开”监管，实现32个执法部门全纳入、380项执法事项全覆盖。

2. 市场环境力求精准有序

研究实施支持民营经济发展“四个一”工程，采用市场化方式设立一个民营企业大厦，在王台新动能产业基地建设占地750亩的一个小微民营制造企业产业园，建立一个涵盖政策发布、行政服务等7个板块的政府服务平台，设立5000万元小微企业风险补偿基金等一系列惠企政策，全力支持民营经济发展。2018年，全区新增企业增长39.5%，新登记市场主体日均达到158户、总量突破25万户。

3. 产业环境力求完善便利

编制工业产业“一业一策”行动计划，构建现代化产业体系，加快产业层次向中高端迈进。产业结构持续优化，高技术产业增加值增长13%，战略性新兴产业产值增长14.3%。制造业增长势头强劲，工业投资增长11.9%，新产业、新业态不断涌现。地铁13号线、青盐铁路、董家口疏港铁路通车运营，青岛西站及换乘中心、董家口火车站投入使用，西海岸跨入高铁、地铁“双铁时代”。整治提升滨海大道等39条道路，风河快速路等28条道路建成通车，通用航空产业园启动并实现试飞，陆海空立体大交通体系基本形成。

（十）大连金普新区

1. 深化管理体制机制改革

制定党政机构改革方案，2019年3月底前完成改革任务。推进事业单位改革，公益性事业单位由167个整合为16个，精简90.5%。深入推进“放管服”改革，将建设工程项目审批事项由全市平均34项压缩至8项，审批工作日由全市平均75个减为18个；推出了“无否决权”服务机制，通过微信核名、集中注册、“不见面审批”、简易注销、多证合一、“一照一码”等便利化措施，企业往返次数减少85%，整体审批时限压缩60%，实现了自贸大厅一站受理、企业登记一日办结、银行开户一网通办、审批受理一图指南、窗口服务一路绿灯。

2. 推动口岸环境进一步优化

全年进口整体通关时间80.42小时，同比压缩33.34%，出口整体通关时间8.13小时，同比压缩52.79%，进出口整体通关时间均完成全年压缩1/3的目标。出口加工区首批11家委内加工试点企业全部实现扭亏为盈。

3. 加快建设人才强区

高度重视“第一资源”，制定实施区级领导干部联系服务优秀人才工作制度，优化人才发展环境，树立“让人才有未来、让未来有人才”的风向标。成功举办“汇聚英才、共创未来”重点产业人才招聘大会，全年引进高层次人才及产业发展紧缺人才154人；5人获评省优秀专家，37人入选省百千万人才工程人选；全年获批国家引智项目4项、市引智项目20项，柔性引进外国专家78人；认定高层次人才及自主创业高校毕业生6535人。

（十一）四川天府新区

1. 打造独具生态优势的营商环境

建设公园城市，加快构建全域绿道、水体和公园体系。合理布局重大产业项目和创新创业载体，加快完善生活服务配套，打造“串联林湖、交融山水”的城市空间。

2. 打造开放透明便捷高效的亲商环境

系统推进国际化社区建设，全面导入便捷国际化服务功能。对标世界银行营商环境指标体系，实施外商投资准入前国民待遇加负面清单管理，设立“一带一路”法律研究中心、“一带一路”商事调解中心和国家知识产权运营公共服务平台成都运营中心，持续推进法治化进程。深化“放管服”改革，探索实施“首证通”行政审批，企业登记实现“43证合一”，“仅跑一次”实现率90%以上，企业开办时间压缩至3个工作日，政务服务更加亲民便利。

3. 打造用心沟通贴身帮助的服务环境

实行党工委班子成员“周六现场办公日”制度，针对性地集中解决项目推进中的困难和问题。创新产业功能区管理，围绕总部经济、高技术服务、文创会展主导产业和乡村振兴发展，分别组建功能区管委会，探索“管委会+专业局+平台公司+

街道”开发建设管理模式，实现项目从洽谈、引进到建设、运营全生命周期定制化服务。投资便利度、政务服务满意率等重要营商指标排在全省前列。

（十二）湖南湘江新区

1. 推进“最多跑一次”

制定并公开《“最多跑一次”办事指南》以及《湖南湘江新区行政审批流程图》。率先全市打通湖南省“互联网+政务服务”网上办事大厅、省在线监管平台、长沙市“多规合一”平台和湖南湘江新区“多规合一”平台，实现了审批事项网上可办率100%，78个行政审批事项全部实现企业办事“最多跑一次”目标。

2. 推进“审批便利化”

充分利用“智慧新区综合管理平台”与“企业行政审批电子信息库”的功能，编制“不见面审批”清单，有序推进“不见面审批”。合并建筑节能、消防、质量安全监督等工程审批事项，对信用等级较高的建设单位推出诚信审批、容缺审批。

3. 推进“流程串改并”

全力推动审批事项办理的并行与同步，将办理用地红线图和国土测绘手续同时进行，质监、安监注册手续并联办理。目前，政府投资类项目有11个环节、社会投资类项目有10个环节并联审批，审批时限分别提速25%、40%以上。

4. 推进“全程帮代办”

开通业务咨询、效能投诉24小时服务热线和节假日预约服务，开展“千人帮千企百日大行动”，主动做好企业的“店小二”。2018年，湖南湘江新区安排服务小分队走访企业727家，收集解决各类问题1425个。

5. 推进“材料交一次”

推动政府平台互通，实现湖南湘江新区省市专线系统以及内部审批系统互联互通，审批案卷的核心数据共享互认，实现建设单位首次报建的企业资质证书、社会信用代码、法人身份证等电子资料以及审批成果共享，审批人员只需完成一次信息录入，证明材料精简30%以上。

（十三）南京江北新区

1. 深化行政审批制度改革

全面推进相对集中行政许可权、证照分离、区域环评、数字化联合图审等重点改革举措，开创“信用+承诺”绿色直通审批模式，切实提高行政审批效能。特别是在江苏省“3550”改革基础上，南京江北新区率先实现“2330”改革目标，即开办企业2个工作日内办结，不动产登记3个工作日内办结，重大产业项目施工许可30个工作日内审批完成。2018年，南京江北新区全年新增注册企业1.2万余户，增长近50%，创新创业活力充分释放。

2. 完善金融扶持政策

启动产业、科技、金融融合创新发展先导工程——“灵雀计划”，遴选一批具有高成长性的科技型中小企业进行多方位、一站式金融扶持。创新开展知识产权质押融资，构建起多方参与、利益共享、责任共担的知识产权质押融资风险分担机制，推出知识产权债券、股权融资服务产品。出台“金融十条”政策，设立100亿元新金融发展基金，在加快发展新金融业的同时，以更大力度鼓励金融支持实体经济发展。

3. 优化创新创业生态

实施“创新十条”“人才十策”等鼓励激励政策，加大对顶尖创新创业人才团队支持力度，推动“零门槛”“零成本”就业创业。加快全国首个法治园区建设，推动“两庭三院”（最高法院第三巡回法庭、“一带一路”国际商事法庭；南京海事法院、南京知识产权法院、南京环境资源法院）尽快入驻，全面提高“法治新区”建设水平。

（十四）福州新区

1. 健全新区管理体制

福州新区仓山、长乐、福清功能区和江阴港城经济区管委会正式挂牌，新区集团等投融资平台发展壮大，服务保障体系不断完善，具有福州新区特色的“两级联动、组团推进”管理运行机制逐步完善。

2. 优化项目审批机制

设立福州新区各功能区（经济区）审批窗口，大力推行“证照分离”改革，在全市率先实现将工程建设类项目审批时间减至90个工作日以内。部分区域“最多跑一趟”和“一趟不用跑”占比可达99%和40%。

3. 推动流程优化，提升工作效能

开设全省首个涉外登记“一窗受理”服务窗口，在全市率先开通“信易批”服务，启用首张全流程电子化投保函；江阴港区建成福州关区首个集中审像中心，江阴整车进口口岸车辆通关缩短至1个工作日，效率居国内前列。

4. 加强政策扶持引导

出台《关于鼓励引进高层次人才的八条措施》《关于加快民营企业发展的若干意见》《中国（福州）物联网产业创新发展中心扶持政策》等优惠政策，2018年仅大数据产业园兑现扶持资金超3亿元。

5. 强化知识产权保护

加快信用体系建设，完善“知创福建”知识产权维权援助平台、福州市专利侵权纠纷人民调解委员会等平台，做好知识产权创造、保护和运用。

6. 转变监督管理模式

积极推动“重事前审批”向“重事中事后监管”转变，制定出台监管负面清单，实施对建设单位及相应第三方审查单位的告知承诺制，建立完善以信用体系为核心的监管机制及“黑名单”淘汰制度。

（十五）云南滇中新区

1. 在简政放权方面

深入推进“放管服”改革，全面完成深化相对集中行政审批权改革试点任务，大力开展简政放权、事权规范、“两集中、两到位”、审批流程再造、证照分离、多证合一等10个方面的试点工作，将审批材料、流程、环节压缩1/3以上，审批效率提速75%以上。同时，将涉及立项、规划、建设等11项审批职权下放到县（市）区政府和园区管委会行使，逐步实现重心下移、审批下放。

2. 在政务服务方面

制定出台《滇中新区优化建设项目审批服务改革实施意见》及其《实施细则》，建立“一表告知、一表征询、一窗受理、一章审批”工作模式，推进项目审批“一链化”。实行重大招商引资建设项目审批服务总协调人、审批代办服务等制度，积极推行“三办”机制，把“零上门”和“最多跑一次”服务清单分别扩大到68项和160项，把项目立项、工程建设和施工许可审批压缩到50个工作日内完成，把企业开办时间压缩到3个工作日。大力推进“互联网+政务服务”，所有审批事项实现线上全程办理、线下“最多跑一次”。

3. 在审批监管方面

按照审管分离、融合发展原则，与昆明市联手，通过协同监管、信用监管、风险监管等方式，切实加强行政许可事项事中事后监管，实现投资项目批后监管全覆盖。

4. 在融合发展方面

全面加强规划编制、道路交通、融资支持、用地保障等方面的融合，合力推动"三整车一中心"、航天神州等重大产业项目落户云南滇中新区，共同推动长水综合交通枢纽、机场北高速等重大基础设施建设，促进市区优势互补、融合联动、一体发展。

（十六）哈尔滨新区

1. 加快事权下放承接，深入推进"放管服"改革

事权向哈尔滨新区集中，省级两批确定下放事权277项，市级一次性下放全部事权284项。深化"区街一体化"改革，区级53%行政权力事项和55%公共服务事项下放至街道。

2. 优化行政审批流程

185项行政权力和公共服务事项流程优化，共计精简要件183个、减少环节126个，平均压缩时限15.6天；放管结合步伐加快，全面实施市场监管领域"双随机、一公开"监管，审批监管执法一体化联动系统上线运行；优化服务初见成效，"最多跑一次""证照分离"试点等104项改革接力突破，"一网、一门、一次"综合服务改革全面推进，开展企业投资项目承诺制改革试点，实施了"标准地+承诺制+代办制"为特点的"承诺即开工"项目审批模式。

3. 创新审批模式

实施异地协同审批和"商事登记+经营许可+牌匾审批"套餐式审批服务新模式，区街两级政务服务事项中，96%实现网上办理，97%实现"最多跑一次"，95%区直部门进驻实体大厅，全区行政许可审批事项全部实现"证照分离"。

4. 改善落地营商新环境

复制推广自由贸易试验区61项改革试点经验，创新推出8项改革措施。组建9个专业化服务公司，为区内企业提供保姆式服务，营商环境进一步优化改善，全年新增市场主体14919户。

（十七）长春新区

1. 深入推进放管服改革

累计公布三批965项"最多跑一次"改革事项，占全部相关事项的94.79%；"证照分离”改革试点、“标准地+承诺制”改革经验在全省推广；实行“工程建设项目联审联办”和“建设工程开工建设告知承诺制”，拟开工项目在满足要求前提下，最快几个工作日即可开工建设。为真正做到行政审批“三集中、三到位”，建设4万平方米的政务服务中心，设置104个窗口，入驻30个部门，所有行政审批权都集中到政务服务中心统一办理，真正实现“一门进出、一网通办、一次办结”。

2. 深入推进服务机制改革

坚持每季度、分产业召开企业家座谈会，建立企业高管微信群，搭建新区与重点企业家、企业家之间的交流平台，得到了企业家普遍赞誉，新华网刊发《“秒回”+“点赞”，这里足不出“群”就能为企业解决难题》；开展了“千户企业万张服务卡”行动，已收集企业诉求861项，解决809项；围绕招商引资和项目落位、企业开办和项目建设、投产运营和发展壮大三个周期，制定实施《关于实现项目和企业全流程精细化服务的实施办法》，为企业提供全方位服务。

3. 深入推进政策体系改革

对标国际营商环境标准，推出《长春新区打造一流营商环境“二十条”措施》，为市场主体提供全方位优质服务；根据产业发展需要，对促进战略性新兴产业、高端服务业、金融创新等7个方面的政策进行完善，正在研究制定扶持民营经济发展等专项政策，将形成含金量较高、针对性较强、覆盖面较广的政策扶持体系；全面启动社会信用体系建设，先后制定了涉及政务诚信、商务诚信、联合奖惩等6个方面21项信用管理制度，信用中国（长春新区）网站和新区信用信息共享平台正式上线运行，被确定为省、市信用体系建设示范区。随着营商环境的日益改善，长春新区连续两年被评为全省软环境建设标兵单位。

（十八）江西赣江新区

1. 以便捷的政务打造营商环境

主动对标国际国内一流营商环境，深入推进“放管服”改革，大力开展行政审批制度改革，采取减事项、减材料、减环节、减证照、减时限等举措，以更大力度的“放”、更加有效的“管”、更加优质的“服”，全力打造政策最优、成本最低、服务最好、办事最快的“四最”营商环境。

2. 以最快的速度推动项目落地

首创投资项目承诺制改革和建设项目模拟审批，创造了项目落地的“赣江速度”。企业开办时间压缩至2.5个工作日。实施模拟审批，建设工程项目缩短报建时间100天；压缩人防、交通、绿化、城管等审批时间，选址到施工许可证审批时间压缩至27个工作日；非关键性材料容缺受理，开工时间提前2个月以上。集中省市县三级260余项审批事项，一并划入行政审批局办理，全面实现“一口式受理、一条龙办理、一颗印章审批”，让企业和群众“只进一扇门、办成所有事”。

3. 以最好的政策扶持民营经济

出台《赣江新区深化降成本优环境专项行动实施方案》，制定扶持民营经济发展的“20条”举措。及时公开涉企保证金目录清单，清单之外一律不得收取任何涉企保证金；加强各种形式的融资对接，协调金融机构加大信贷投放，建立动态融资重点扶持名录，动态管理上市企业目录，对企业从股改、辅导备案到境内外上市的全过程给予奖励；推动诚信体系建设，提高政府公信力，严格履行各项政策承诺，完善政策执行方式。

4. 以最优的服务助力企业发展

组建企业办事服务小分队，定期上门为企业提供业务咨询、办理指导、协调问题等服务。打造高层次人才服务中心，受理项目申报、政策兑现、海外人才、综合服务等业务，构建全链条的人才服务体系。主动承接外国人来华工作许可事项，开辟外籍人才来华绿色通道，为新区外籍人才提供了便利服务。

（十九）河北雄安新区

1. 构建特色行政审批服务体系

成立河北雄安新区政务服务中心，深化“放管服”改革，通过优化中心功能布局、建立班后业务培训及日复盘分析工作会制度、发放明白卡、公开服务热线和业务骨干手机号等措施，不断提升便民服务质量。稳步推进政务服务信息化建设，积极推动“互联网+政务服务”平台建设，现已完成平台基本功能开发，实现与河北省政务服务网对接。建立健全工商注册运行机制，实施清单管理，优化流程、压缩时间，做到名称核准不超过半小时、5个工作日以内拿到营业执照。同时，增加税务和印章备案服务，实现企业“一站式”服务。完善网上受理、网上审批工作模式，实现工商注册全流程电子化。做好人员进驻、服务指南、流程标准化等工作，确保事项“进得来、接得住、管得好”。

2. 全力提升公共服务水平

先后与北京市教委、天津市教委签署教育合作协议，正式启动河北雄安新区、石家庄市两地教育领域战略合作，加强与北京市的教育合作，与中央民大附中、清华附中、人大附小等深入对接，取得积极成效。北京、天津、河北共同签订了医疗卫生事业合作框架协议，由北京市对口帮扶容城县5家县直医疗卫生机构，天津市对口帮扶安新县5家县直医疗卫生机构，河北省对口帮扶雄县5家县直医疗卫生机构，并对河北雄安新区33家乡镇卫生院实施帮扶，首批北京专家团队入驻容城妇幼保健院。同时，积极谋划社会保障服务体系，研究出台了《关于支持服务雄安新区做好过渡期社会保险经办工作的指导意见》《雄安新区托管移交期间基本医疗保险工作方案》等专项过渡性政策文件。

二、2018年国家级新区建设发展典型案例

（一）上海浦东新区：知识产权保护中心全力打造国家级功能性平台

2017年7月21日，中国（浦东）知识产权保护中心获国家知识产权局批复，将面向高端装备制造产业、生物医药产业开展知识产权快速协同保护工作。2017年7月25日，中国（浦东）知识产权保护中心正式揭牌。2018年2月，国家知识产权局同意中国（浦东）知识产权保护中心通过验收，并授予专利审查业务专用章，接通“中国专利审批系统”专线。

围绕建立健全知识产权保护体制机制，完善知识产权保护体系，提升知识产权保护水平，中国（浦东）知识产权保护中心实施以下五大重点举措：

1. 开展专利预审工作，实现专利快速审查

与国家知识产权局、专利局搭建信息快速交换平台，建立优先、专业、高效的专利审查机制，开启专利快速审查的“绿色通道”。自运行以来，已有200多家企业通过国家知识产权局专利快速审查备案，快速审查成效初步显现。

2. 设立专利巡回审理庭，实现专利快速确权

浦东保护中心设立了专利巡回审理庭，实现专利无效案件的属地化审理。建立巡回审理庭的多媒体记录系统，确保案件处理的公正性和时效性。2018年4月，国家知识产权局专利复审委在保护中心举办了首次专利无效案件巡回口头审理，有效降低了企业维权成本，提高了维权效率。

3. 构建多元纠纷解决机制，实现专利快速维权

在区知识产权局与上海知识产权法院、区检察院战略合作框架下，推动在保护中心设立“丁文联法官工作室”“吴菊萍检察官工作室”。2018年4月，上海知识产权法院在保护中心进行了首次知识产权案件巡回审理。推动成立了“浦东新区知识产权人民调解委员会”，成功调解了一系列知识产权纠纷。

4. 推进专业人才培养体系建设，提高服务水平

中心依托全国第一家“国家知识产权局专利局专利审查员实践基地”——上海

张江专利审查员实践基地，为审查员与企事业单位搭建一个双向互动与交流的平台。同时，推进浦东知识产权人才培养体系建设，对区域内知识产权领域在职人员进行经常化、制度化、规范化的专业培训，并面向社会开展丰富多彩的基础性、普及性培训，提高全社会的知识产权意识。

5. 推动专利导航产业发展，加强知识产权运营

建立专利导航产业发展工作机制，深度融合专利分析与产业运行决策，探索将专利布局、风险预警融入产业决策和精准招商的全过程；完善知识产权金融服务体系，引导社会资本，建设面向国际的知识产权交易服务中心；鼓励领军企业、行业协会、专业机构共同开展行业性知识产权运营平台建设，利用浦东保护中心全链条服务资源，提高知识产权运营的科学性和精准性。

（二）上海浦东新区：政务服务“一网通办”

上海浦东新区“一网通办”建设始于2017年4月，是指企业审批事项、个人社区事务的“一网通办”和政府政务信息的“全域共享”，通过推进各部门、各地方政务信息系统整合共享，让企业和群众办事“只进一扇门”“最多跑一次”。

1. 企业审批事项“一网通办”

融合设立“浦东新区行政审批和服务综合办理平台”，依托网上政务大厅，实现“一网通办”事项在网上预审、网上受理、审查、决定、发证各环节的运行。浦东企业市场准入中区权审批事项共104项，涉及14个委办局，全部实现“全网通办，一次办成”，其中，74项实现“网上全程一次办成”，30项实现“网上申报只跑一次”。

2. 个人社区事务“全区通办”

上海浦东新区设有受理中心36家、分中心23家。2017年12月1日起，社区事务受理服务事项基本实现“全区通办”。户籍地或者居住地在浦东的居民，可在浦东新区任意一个街镇的社区事务受理服务中心，个人事项约195项中的188项都可全区通办。

3. 政府政务信息“全域共享”

依托上海浦东新区现有“政务云”体系，逐步打通与国家部委驻区单位、市级各部门之间的信息互联互通，打破政府内部“跨层级资源集成难、跨部门信息共享难、跨领域业务协同难”的“三跨难”现象。

（三）天津滨海新区：中新天津生态城建设国家绿色发展示范区

中新天津生态城（以下简称“生态城”）认真落实《中国新加坡天津生态城建设国家绿色发展示范区实施方案》的任务要求，积极探索绿色发展体制机制创新，在城市规划布局、生态环境建设、资源节约利用、绿色产业发展、绿色文化培育等方面取得显著成效。

2018年，生态城委托第三方专业机构，编制完成《中新天津生态城国家绿色发展示范区建设中期评估报告》，报告显示，生态城累计完成支撑项目308项，主要资源产出率、绿色建筑比例等17项指标提前达到2020年目标值，指标达标率达78.6%。

在城市规划建设方面，修编城区总体规划，打造“一体两翼、三主三副、六组团”的空间结构和“河海环抱，水绿交融；陆海联动，产城互嵌”的整体形态。实施南部片区景观提升工程，完成汉北路联络线、中津大道连通等内部路网建设，便利出城交通体系。完成中部片区主中心城市设计，跨惠风溪桥投入使用，中新友好图书馆开馆运营。建成区面积达到13平方公里。

在生态环境建设方面，编制指标体系2.0升级版，共设置36项指标，持续发挥对生态城市建设的引领作用。加大裸地治理，全年实施简易绿化种植170万平方米，累计完成绿化570万平方米，建成区绿地率达到50%，甘露溪公园、生态谷中部片区段投入使用。顺利完成市级环保督查，开展大气污染防治综合治理，建立环境空气质量微观站和机动车尾气监测门站。建立健全河长巡河、河湖保洁、信息报送、督查督办等12项制度，对主要水体进行实时监测。空气质量综合指数全市排名第一。

在资源节约利用方面，建立了太阳能、地热能、风能、生物质能综合能源利用体系，住宅项目全部安装太阳能热水设施，可再生能源占生态城能源消耗总量的比例达到14%。强化非传统水资源综合利用，2018年1—11月累计处理污水近2400万吨，雨水收集利用量近700万立方米。制定了绿色建筑设计、施工、运营的全生命周期管理规范，被动房试点项目建设顺利。编制生态城全域垃圾分类方案，累计投入智能物品回收终端机34台，回收物品260吨。

在绿色产业发展方面，发展绿色产业，形成文化创意、智能科技、健康和旅游等特色产业，累计注册企业7000余家。全力打造启迪之星、海量大数据、中新国际企业孵化器等科技创新平台，编制科技企业奖励实施细则和生态城创新创业补贴实施细则，构建起“众创空间—孵化器—加速器”全培育链条。

在智慧城市建设方面，高水平编制智慧城市规划和建设方案，打造“1+3+N”的智慧城市架构体系，智能视觉工程、视频监控网项目建成试运行。加大智慧城市场景建设，智慧路灯杆、未来公交站、智慧停车场建成投用，无人超市、无人餐厅、无人货运站开业运营。

在绿色文化培育方面，持续提升基础设施和公共设施，增设公益广告，加大绿色文化的宣传推广。实施“文化创建工程”，搭建居民诚信体系，开展“文明家庭”评比。深入开展环保宣教，评比出2所绿色学校，6所绿色幼儿园，2个三星级绿色社区。组织来自苏丹、阿曼、埃及等阿拉伯国家的24名环境官员参观生态城，加强中国与阿拉伯国家在环境管理与生态环保领域的交流合作。

（四）重庆两江新区：创新“四新”经济审慎监管方式

1. 建立公平开放宽松的市场准入环境

完善以负面清单为主的产业准入制度，对未纳入负面清单管理的行业、领域、业务等，各类市场主体皆可依法平等进入。对于新技术、新产业、新业态、新模式，本着降低创业门槛、鼓励创新的原则，尽量不纳入负面清单管理。

2. 推行动态包容审慎监管制度

对智能汽车、3D打印、机器人、石墨烯、新能源等新兴行业，以及总部贸易、展示交易、仓储分拨、融资租赁等现代服务业普遍实行包容监管，加强建议、提醒、约谈等行政指导，预防和避免违法行为发生。

对市场主体轻微违法且未对社会、人身造成危害的行为，依法减轻或免予行政处罚。对潜在风险大、社会风险高的领域从严监管，以消除风险隐患。对触及监管红线，假借“四新”经济之名行严重违法之实的，予以重点打击，从重处罚。

坚持放宽发展与适度管控原则，针对跨界融合新产品、新服务、新业态，互联网传播和用户创造内容趋势的新媒体，互联网金融创新产业等，量身定制监管方式，逐步完善监管体系。

3. 构建风险防控体系

加强在线、移动、大数据监管能力和队伍建设，利用网上技术监测、新产品检验检测、金融领域新风险防范、网络信息技术产品和服务安全审查等技术，完善产业风险预警和分析体系。

健全消费纠纷化解机制，大力推进消费维权平台建设，实施消费环节经营者首问和赔偿先付制度，完善“12315”小额纠纷快速调解、消费纠纷诉调衔接等机制，探索完善跨境电子商务产品售后服务和维权体系。

推动第三方质量检测服务，申报筹建国家检验检测高新技术服务业集聚区，推进重庆两江新区创建国家检验检测认证公共服务平台示范区。

4. 健全信用约束机制

建立市场主体诚信档案，加快建设信用信息采集、归集、公示、评价、应用、服务体系。探索“互联网+事中事后监管”模式，发挥社会诚信体系对监管的支撑作用，加大失信行为曝光力度，强化失信联合惩戒。开展企业信用评级工作。建立第三方技术服务机构信用监管和退出机制，实行失信“黑名单”管理。

5. 创新多方参与监管模式

实行集群注册与工位注册监督管理制度，加强对众创空间、工业园、科技园、产业园、孵化器等创业聚集区域运营机构内部管理规范和入驻企业日常管理。支持招商平台企业参与监管，确定平台企业在知识产权保护、质量管理、信息内容管理、协助申报纳税、社会保障、网络安全等方面的责任和义务。

（五）重庆两江新区：深化工业用地供应方式改革，助推实体经济发展

重庆两江新区以降低企业用地成本为目标，促进集约节约用地，全面推进工业用地供应制度改革支持实体经济发展。为降低企业前期用地成本，督促企业取得土地后加大投入尽快建设，提高土地利用效率，采取“先租后让”的方式供应土地，租赁期届满后承租人达到租赁合同（先租后让）及《建设项目用地监管协议》约定的投入强度、相关指标等条件的，可按规定或约定采取协议出让的方式办理租赁转出让的手续。同时，根据土地利用规划和城市规划，结合产业类型特点、产业生命周期等情况，以“弹性出让”“租赁”等方式供应。

重庆两江新区礼嘉组团F分区F12—1—4/04号等宗地30.33亩土地使用权以先租后让的方式予以供应，租赁期2年，出让年限48年，产业类别为汽车研发加速器。与原出让50年方式相比，一方面，企业初始取得土地时可少支付约88%的价款，降低了前期用地成本；另一方面，在租赁期内企业如果没有按照相关约定或规定开发建设和利用土地，政府部门可根据相关约定或规定对土地予以收回或者处理，以促进土地再利用，提高土地集约节约利用的水平。该宗地建设项目名称为“德国大陆中国区西部研发中心”，由德国大陆集团（Continental AG）的子公司大陆汽车研发

（重庆）有限公司投资建设，总投资规模不低于2.8亿元人民币。该项目主要将从事底盘与安全、动力总成、车身电子及其他汽车零部件产品的研发，研发人员规模约1000人，主要致力于高水平研发项目，研究成果将服务于重庆市及西部汽车产业。

重庆两江新区龙兴组团A分区A8—2/01号宗地78.6亩土地使用权以弹性出让的方式予以供应，出让年限30年，产业类别为标准厂房。与原出让50年方式相比，一方面企业初始取得土地时可少支付约40%的价款，另一方面在使用期内，企业未达到土地利用绩效考核标准的，可收回土地使用权或者不批准企业的续期申请，有利于土地的供后监管。该宗地建设项目名称为“法雷奥车灯重庆两江新区项目”，由法雷奥集团的子公司法雷奥市光（中国）车灯有限公司投资建设，项目前期以全套车灯（车前灯、车后灯、高位刹车灯等产品）的汽车照明事业为主，规划产能为150万只大灯和100万只尾灯，后期将考虑依据客户需求和自身发展计划逐步生产其他汽车零部件。项目投资不低于3亿元，首期投资1.98亿元，至2024年产值约10亿元人民币，2024年税收约7800万元。

拟将重庆两江新区鱼嘴组团J分区J33—1/01号宗地74.76亩土地使用权以租赁方式予以供应，租赁期10年，拟建混凝土搅拌站，为周边建设项目提供配套服务，以降低其运输等建设成本，加快建设进度。

强化土地供应方式的改革，改变了企业一次性支付较高土地价款的状况，将获得土地的成本分摊到企业生命周期之中，有助于降低企业用地初始成本和扩大部分企业转型升级再生产的建设成本，促进实体经济的发展，也有助于政府调控供而未用、低效利用土地的再开发和对闲置土地进行处理，加大土地供后监管的力度，以提高土地集约节约利用水平。

（六）兰州新区：实行投资项目改革，为项目建设跑出加速度

开展承诺制改革试点，重点在简化审批流程、强化事中事后监管、优化政府服务等方面进行探索，试行先建后验的管理模式。

1. 主要做法

政府提前主动服务。把政府靠前服务意识作为重要前提，将原来由企业办理的事项改为政府提供服务来完成，实现项目审批“加速度”。主要涉及环境影响评价、节能审查、水土保持方案、文物保护方案、地质灾害危险性评估报告、地震安全性评价、矿产压覆、地形图测绘等事项，大大降低了企业前期投入成本。

实行“承诺制”审批。对项目审批过程中“节能审查、建设项目环境影响评价审批、建设项目安全评价、社会稳定风险评估、生产建设项目水土保持方案审查、建设工程文物保护、建筑工程施工许可证核发、建设工程施工图设计质量”等8个事项审批实行承诺制审批。全面简化签订条件，在其企业取得“修建性详细规划暨建筑方案批复函”和“土地证明文件（建设用地预审意见或国有建设用地使用权成交确认书或国有建设用地使用权出让合同或不动产权证书之一）”后，即可申请办理。

推行“区域评估”。对“节能审查、环境影响评价、社会稳定性安全评估、防洪影响评价、水土保持方案报告、地质灾害危险性评估”等6个事项实行区域评估，在区域评估范围内的企业不再编制各类评估报告，按照区域评估结果制定即可。

强化“一窗服务”。在政务服务中心建立了实体“投资项目综合服务窗口”，实施“投资项目审批在线平台”与“窗口”的融合，与“政务服务网”的数据对接，开展线上线下的“联合审批、多图联审、联合验收”的审批机制，实施“代办服务、一窗受理、一网审批、统一出件”。

建立信用诚信体系。充分运用信用信息共享平台，对守信者开通“绿色通道”，对失信者实行联合惩戒。企业在获得用地及规划许可后，签订承诺书，自主委托符合条件的第三方机构进行技术审查并按相关标准依法依规实施，由行政审批局协调各部门为企业办理项目环评、能评、安评、稳评等批复文件，并一次性统一出具。

实现“两零”目标。确定专人代办项目落地的各类手续，实现企业“零跑腿”；免除所有地方性涉企行政事业性收费，实现“零收费”。

2. 改革成效

项目落地周期大幅缩短。通过企业承诺事项，行政审批时限由原来的137个工作日缩减至26个工作日，审批承诺时限提速80%。兰州新区从高效服务企业和群众出发，从“进一扇门、办百件事”做起，持续释放发展活力，为高质量发展按下了“快进键”。

政府服务更加优质主动。大力推行水土保持方案、文物方案、地震灾害危险性评估、环境影响评价、节能审查等事项实行区域评估，单个项目不再编制审查，共享评估评审结果。审批程序能减则减、能并则并，审批事项减少75%以上，让企业少跑腿、好办事、不添堵。

审批事项环节大幅减少。取消审批和备案的有19项，将审批改为备案的有5项，合并审批事项4项。在项目立项阶段，取消企业投资项目备案的各类前置要件；将政府投资项目的“初步设计和项目概算”审批并入“可行性研究报告”审批。在用地规划许可阶段，取消了“地质灾害危险性评估”和“洪水影响评价”；取消规划区内项目占用水利工程设施审批；对占地面积在3公顷以下的小型建设项目及一般工业类项目，建筑布局单一、功能简单的取消专家评审，对符合控制性详细规划和规划条件的可直接核发“修建性详细规划批复函”。在工程建设许可阶段，将建设工程质量监督备案和建筑工程安全条件备案与施工许可合并办理。在施工许可和竣工验收阶段，对依法必须招标的工程建设项目变“备案”为“告知性登记”，对社会投资的工程建设项目取消备案，取消施工合同备案；消防设计审核、防雷装置设计审核、人防工程建设审查内容一并纳入施工图审查；城市基础设施项目中的给排水管网、路灯照明、绿化、硬质铺装单位工程与道路工程合并进行施工图审查，实现“一次图审、一次发证、同步实施”；施工图审查实行告知性备案，施工图审查机构审查合格的项目可直接核发施工图审查合格书；对18项施工图审查实施豁免；将农民工保证金“确认书审核”变为企业“自主承诺缴纳”；将建设单位资金证明和施工现场是否具备施工条件证明文件审核变为企业自主承诺；竣工验收实行联动联合验收。

事中事后监管得到加强。相关部门将项目建设过程纳入省投资项目在线监管平台进行全程跟踪，进一步加强对质量、安全、环保等重点领域的监管。突出了企业的市场主体地位和投资自主权，切实简化了审批程序，压缩了项目前期手续办理时限，加快了项目的落地建设，提高了政府办事效率，营商环境持续改善。

（七）广州南沙新区：货物通关“线上海关”覆盖领域不断扩大

1. 主要做法

广东自贸试验区海关监管部门试点“互联网+易通关”改革，将原来需要企业到海关现场办理的通关事项逐步迁到“线上”，使企业和个人通过互联网平台就能轻松、便捷地办理相关业务。目前已建成“易通关”平台、“关邮e通”“穗关在线”移动端，覆盖货物通关、邮件通关、物品通关、加工贸易、政务服务等5个领域227项业务。

2. 改革亮点

聚焦“提效率”，着力推进通关流程“去繁就简”、压缩货物通关时间。摸清货物通关存在的堵点、痛点，打造“货物通关”样板间，实现系统间信息互联互通，优化作业流程，提高通关效率。力争“优服务”，搭建关企互动平台，全面优化企业和群众通关体验。创建"互联网+易通关""互联网+关邮e通"平台，为企业免费提供"一点接入"的单一互联网入口，所有涉及海关通关的业务都可以在一个平台上实现。彻底"零收费"，逐步免除各项通关收费，降低企业通关成本。率先开放报关软件，免除报关软件系统安装费、数据传输处理费和系统运行维护费等综合费用，惠及进出口贸易的全链条企业。确保"管得住"，完善内控机制建设，着力构建"阳光海关"。将执法行为全程、实时在互联网平台进行并记录，对海关关员执法情况进行分析、制约和监督。

3. 实践成效

实现"降本增效"。"互联网+自主报关"报关单数约136万票，进口货物通关成本降幅最高为6成，出口货物通关成本降幅最高为8成。凸显聚集效应。改革后实现了任意时间、任意地点自助报关，企业货物调度更加灵活，物流运作顺畅，成本降低，市场效应倍增，自贸试验区内海关企业注册数量已突破2000家，比挂牌前增长了7倍。加强执法监督。实现全程可控、源头可溯的管理，促进阳光执法，有效防范执法风险，确保执法统一。

（八）青岛西海岸新区：全力打造人才高地

青岛西海岸新区深入贯彻人才优先发展战略，探索引才新路径新模式，为经济社会发展提供有力的人才和智力支撑。目前，全区拥有各类人才53万人，其中院士52人，"泰山学者""百千万人才工程"等省级以上高层次人才494人，高级职称以上人才3.1万人。

1. 聚焦体制机制创新，构建引智引才新模式

创新建立大招才工作体系。成立国家级新区首家"招才中心"，省内首家区级外国专家服务中心，先后在美国、德国等地成立9家海外引才引智工作站，引进外国高层次人才80余人。

创新完善人才工作联席会议制度。定期组织召开人才工作联席会议，开展高层次人才需求调查统计，面向十大重点领域征集近万个岗位，实现人才的精准引进。

创新人才引进培育政策。出台"梧桐树"聚才计划，对顶尖人才给予最高600万元生活补贴，对顶尖人才领衔的重大项目给予最高1亿元的综合资助。

2. 聚焦全面经略海洋，打造海洋人才集聚区

新引进"冰鉴"全球人才配置中心项目，引入中国最大猎头体系创造者斯科系、

RECC（中国）招聘联盟等猎头平台，打造北方最大的猎头产业集群。利用互联网远程交流平台，开展“跨国路演”活动50余次，搭建海外人才团队与项目需求企业洽谈对接“空中走廊”，促进澳大利亚迪肯大学首席终身教授王训该牵头的华夏先进装备智造研究院等7个项目落地签约。

3. 聚焦深度军民融合，完善军地人才引育服务机制

精准引进军民融合急需人才。引进建设了哈尔滨工程大学青岛船舶科技园等产才融合项目，为入驻科技园企业建成2家专家工作站。古镇口军民融合创新区累计引进军民融合项目140多个、涉军涉海人才2万余人。

探索军地人才共同培育。制定军地特殊人才岗位资格资质认证、职业技能鉴定办法。加强军地人才培养，健全军地技能人才联合培训机制，选取青岛港湾职业学院、青岛军民融合学院和区劳动培训技术指导中心作为培训基地，开展菜单式定制培训，开发适合军民融合的实用技能类专业工种。

（九）大连金普新区：“马上办”办出“大连速度、金普效率”

大连金普新区把服务企业发展、优化营商环境作为管委会的一号工程，以企业诉求为工作导向，以企业满意为工作目标，快速高效解决企业提出的各种困难和问题，得到企业广泛好评。2018年7月25日开通“马上办”企业服务专线，企业通过专线诉求渠道反映的相关内容，通过新区管委会内部机制直接反馈给管委会主要领导及相关责任部门，第一时间着手解决，并及时向企业反馈。其间，企业提出的问题及处理过程与结果均面向社会公开，接受社会监督。

强化专线特点，规范诉求受理流程。金普一号“马上办”专线明确受理大连金普新区范围内的各类企业有关诉求建议，通过诉求分拨、诉求承办、诉求催办、办理审核、问效问责等严格的程序进行落实和办理。企业可通过拨打12345市民服务热线转金普一号“马上办”专线或直接登录金普一号“马上办”专线手机APP客户端，向新区党工委、管委会各部门反映情况，提出建议、意见并进行评价。承办单位1个工作日内与诉求企业进行沟通，3至5个工作日内进行答复，解决一件销号一件。涉及跨部门的企业诉求或重大事项，将由新区管委会主要领导专门协调督办。对敷衍塞责、不担当、不作为、乱作为的单位和人员将公开曝光，情节严重的，按相关程序予以追责问责。

强化结果导向，确保诉求有效解决。所有诉求均与诉求人沟通，并研究制定相应解决办法，真正做到事事有回音，件件有着落。对于跨部门或涉及企业建设的疑难问题，由新区主要领导亲自主持召开专题调度会，明确工作意见、工作责任和工作时限。如针对友谊街道园艺村出行道路建设的诉求，城乡建设局在3个月内完成征地征林报批工作，财政局就项目建设资金做出安排计划，及时向企业答复。针对冠军金属公司新增功能性用房急需进场施工的诉求，责成城乡建设局对目前正在进行的施工图审图环节加强指导服务，同时集中梳理办理施工许可证各要件和环节，支持企业加快开工建设。

强化示范效应，全面提升政府效率。通过各大主流媒体对金普一号“马上办”专线进行宣传推广。新区营商办定期对承办的诉求事项按办理情况进行分析汇总，树立工作中的正面典型，营造人人关心、个个参与营商环境优化的浓厚氛围。新区党工委、管委会要求全区各部门、各单位把企业的问题作为政府的“一号任务”，深入践行“马上就办、办就办好”的工作作风，积极主动、快速高效地解决企业诉求。

（十）湖南湘江新区：多措并举，大力发展智能网联汽车产业

湖南湘江新区积极践行新发展理念，以打造“湘江智谷—全国智能网联汽车创新和产业化高地”为统揽，突出做好场景应用、项目建设、创新研发、生态优化、品牌宣传，人工智能（智能网联汽车）产业链建设取得明显成效。

1. 以应用场景为牵引，打造国家测试基地

建成模拟场景全国最多、综合性能全国领先、测试服务全国最全的智能网联汽车系统测试区。自2018年6月运营以来，已承接百度集团、一汽集团、三一集团等知名企业开展测试业务300余场。全国首条开放道路智慧公交示范线开通，实现测试区及智慧公交示范线沿线5G通信网络全覆盖。一次性发放智慧公交、智能驾驶乘用车、智能驾驶环卫作业车、智能驾驶重卡等4种类型路测牌照，其中智能驾驶公交是全国第一个获得智能网联汽车开放道路测试号牌的智慧公交。

2. 以重大项目为支撑，放大产业集群效应

2018年，累计签约腾讯、百度等60多个行业巨头企业，总投资超过1300亿元。对接大陆、博世等一批世界领军企业。截至目前，已集聚长城科技、景嘉微等人工智能和智能网联汽车重点企业和关联企业300多家，在自主可控计算机、微处理器设计、智能感知、北斗导航、视觉识别、智能设备等细分领域培育了一批领军企业。

3. 以创新研发为驱动，厚植核心竞争优势

湖南湘江新区核心区已引进地平线研究院、中车新能源汽车研究院、猎豹移动等国内外新型研发机构10余家。储备对接了海信智慧研究院等大批优质研发机构。聚集麒麟信息高可信操作系统国家地方联合工程研究中心、湖南大学汽车车身先进设计制造等国家级、省级（含）人工智能产业相关研发机构108家，拥有人工智能和智能网联汽车相关领域院士17名，相关专业在校大学生近6万人。

4. 以产业联盟为纽带，优化产业生态体系

发起成立"长沙市智能网联汽车产业协会·湘江联盟"，重点推进关键共性技术研发、标准法规制定、测试评价和示范等工作，促进人工智能产业资源整合共享和高效配置，目前已有成员单位60多家。加强专业紧缺人才培育，与知名高校和大型企业合作，正式挂牌成立湘江人工智能学院。

5. 以政策法规为突破，率先建设行业标准

制定发布《湖南湘江新区智能网联汽车发展三年行动计划（2018—2020年）》，推动长沙市在全国率先出台《智能网联汽车道路测试管理实施细则（试行）》，主导编制了智能网联汽车开放道路测试规程等规范性文件，首创智能网联汽车测试区逐级开放制度。

（十一）湖南湘江新区：积极推进知识产权综合管理改革试点

2018年以来，湖南湘江新区紧紧围绕创新发展主线，加快推进知识产权综合管理改革试点，着力构建知识产权"一窗一库三平台"。2018年，全域全社会研发经费投入占GDP比重达5.2%，高新技术产业增加值增长13%；市场主体增长4.5万家，增长30%；单位GDP能耗下降3%，创新引领、产业驱动特征更加明显。

1. 推进端口前移，优化和延伸政务服务

综合窗口服务便企。与长沙市知识产权局合作共建湖南湘江新区知识产权综合服务窗口，提供知识产权咨询、策划、维权诉讼综合性服务，收集分析园区、产业、企业问题和需求，建立快速反应沟通机制。面向智能网联汽车等重点产业、创新中心等重点创新平台开展上门服务30余次，为企业解决商标、专利、版权等领域的难点、堵点100余个。

专利数据助飞产业。量身打造专利大数据服务平台并投入使用，建立6个线下服务网点入驻各园区及湖南湘江新区政务服务中心。平台构建专利专题数据库系统、专利政策匹配系统、专利信息推送系统、专利实力评估系统和专利托管系统等5个服务模块，涉及近5000万条专利数据，运用专利数据导航产业发展，网站累计更新专利数据10万余条。

2. 加强力量整合，大力优化营商环境

整合资源汇聚合力，推动知识产权保护创新发展，努力营造一流营商环境。

设置知识产权法庭。2018年3月，湖南省首家知识产权审判专门机构长沙知识产权法庭在湖南湘江新区落户，进一步提高了司法保护专业水平。

共商共建智库。在省知识产权局的指导支持下，依托中南大学知识产权研究院智力资源和人才优势，以及新区改革创新实践优势，共同建设知识产权研究智库。

加强联动保护。与中国（长沙）知识产权保护中心共建湖南湘江新区知识产权纠纷多元化调解平台，联合开展知识产权纠纷调解工作，保护权利人合法权益，营造公平、有序的营商环境。

3. 坚持高端引领，健全产业发展保障体系

坚持以知识产权综合保障为重点，构建全方位、全过程的产业发展保障体系。

聚智用智服务产业，举办知识产权湘江论坛和智能驾驶产业智库专家对接会，成立湖南湘江新区知识产权发展研究中心，诚聘38名知识产权高端人才为智库首批专家，助推新区完善知识产权事业顶层设计和宏观布局。

遴选优选服务机构，入驻平台负责平台运营。通过发展知识产权交易市场、优化资源配置，促进运营服务的便利化、集约化、高效化。

提质提效培育专利。制定湖南湘江新区高价值专利培育计划实施方案，从2019年起，每年从主导产业、优势产业选择3—4个关键技术领域扶持精准创新，开展高价值专利培育工作。

（十二）南京江北新区：纵深推进“放管服”改革

1. 重大产业项目从立项到施工许可30天内完成

出台《关于印发〈南京江北新区重大产业项目施工许可限期完成实施方案〉的通知》（宁新区管发〔2017〕68号），推行多方案联合预审、电子化申报、不见面审批、数字化联合图审、流程要件简化优化和信息共享等手段，绘制出从立项到施工许可30个工作日办结的路线图。体制调整后，从项目备案到施工许可证发放全流程完结的首个案例（房地产建设项目）累计审批用时28.5个工作日。

2. 深入“信用承诺制”改革

出台《关于印发〈南京江北新区关于开展企业投资项目“信用承诺制不再审批严格监管”试点工作实施方案〉的通知》，在直管区范围内推行企业投资备案类项目“信用承诺制”的改革试点工作。南汽浦口生产基地厂房扩建项目（三期）20个工作日左右即具备了开工建设条件。

3. 开展“数字化联合图审”改革

建立施工图联合审查工作机制。建设单位在完成相关施工图纸设计后，即可在网上向南京江北新区联合图审办公室进行申报。各参审机构在承诺时间内完成施工图审查，生成审查意见告知书。在技术性审查通过后，参审机构提交电子审查合格文书。

4. “区域环评+环境标准”改革实现“三减”

出台《南京江北新区产业技术研创园“区域环评+环境标准”改革试点实施方案（试行）》，率先在直管区产业技术研创园开展试点，对符合简化原则的建设项目进行环评简化审批。制定区域统一的项目准入环境标准，编制“四个清单”和简化项目环评审批负面清单。推动项目环评审批“三减”，推动报告表项目审批缩短近2/3时间；申报材料减少至一页纸登记表；报告表编制中介服务费降低至仅几千元。加强事中事后监管。对建设项目加强监管，督促企业落实各项环保措施，对开展环评的中介机构进行监督管理。对规划环评及跟踪评价中提出的整改要求和问题进行监督管理。

5. “不见面审批（服务）”改革

编制并公布“不见面审批（服务）”目录清单。梳理出第一批“不见面审批（服务）”事项290项并与方案同时公布。实现“不见面审批（服务）”数据共享。组建南京江北新区大数据管理机构，消除“信息孤岛”，全面推动实体政务大厅与网上政务服务大厅融合发展，优化“不见面审批（服务）”综合服务体验。突出“不见面审批（服务）”重点领域。积极推行“投资项目在线审批监管平台”，实现备案项目全程“不见面”。

（十三）福州新区：不断创新体制机制

1. 加快“双创”建设

基地建设总体成效显著。涵盖“双创”环境建设、高新产业培育、“双创”人才吸引和文化氛围营造4个方面，示范基地主要经济指标完成情况良好。“双创”示范基地陆续出台涵盖综合扶持、人才奖励、创新激励、载体扶持、产业发展等领域的“双创”政策措施，结合“创响中国”巡回接力福州站等活动持续推进落地，有力推动了基地人才、资金、技术等创新要素集聚。

“双创”生态环境建设进展有序。积极推进简政放权，降低“双创”门槛，一方面全面梳理行政审批事项清单，启动行政审批和服务事项编码管理，形成106大项218子项审批事项目录；另一方面增设“福州新区重点项目服务窗口”，开展无偿代办服务。加快推进载体建设，构建“双创”平台，积极推动创业创新示范中心以及科技创新平台建设；加强“双创”示范基地火炬创业导师队伍建设；初步建成“6·18创业创新云服务平台”；新增投入运营一批形式多样的孵化器和众创空间，形成涵盖创业项目全周期的孵化链条。

注重开发对台特色，推进闽台“双创”交流。提出了“共建两岸创业创新圈”这一特色任务，加强对台“双创”合作机制创新，着力在两岸“双创”人才交流培养、涉台特色金融服务升级、“双创”服务平台搭建等方面开展合作，打造高参与度的两岸青年创业社群、两岸创业资本联盟、两岸技术合作先行区和两岸创业创新合作网络的中心节点，推进榕台（乃至闽台）“双创”交流向纵深拓展。

注重破解融资难题，强化“双创”金融支撑。以改善“双创”融资环境为主线，加大政府资金扶持力度，探索运用科技创新券助推科技型企业发展模式，引导社会资本与创客团队有效对接，推动基地范围内多元化创业投资主体发展，初步建立了以政府资金（基金）为引领，社会资本、国有资本共同参与的“双创”金融支撑体系。

注重办好各类活动，营造“双创”良好氛围。精心组织办好“创响中国”福州站等系列活动，加大投入办好各类创新创业大赛，发挥创业带动就业倍增效应，释放全民创业创新潜能。

2. 耕作层剥离再利用

福州新区以滨海新城为试点，开展耕作层剥离再利用工作，出台了《长乐区耕作层剥离再利用工作方案》，将新城建设占用的优质耕作层剥离，对接长乐区土地整治项目实施再利用，产生的优质耕地指标反哺用于新城用地报批占补平衡，2018年产生旱改水指标150亩，预计2019年将产生旱改水指标1100亩。快速提升耕地质量，有效保护土地资源，实现农业增效、农民增收，助推乡村振兴；有效保护耕作层中大量的有机物质和微生物，以及植物生长所需高水平的营养物质。

（十四）长春新区：深入实施“创新券”制度助推民营中小企业发展

1. 基本情况

长春新区在全省率先推出“创新券”制度，改革和创新科技服务机制，通过政府买服务，企业用服务的形式，创新政策支持方式，降低企业创业成本，激发民营经济发展活力。2018年前三季度，全区民营经济主营业务收入达到722.2亿元，同比增长22.4%；各类市场主体总数发展到39035户，同比增长28%，月均增加600户以上。

2. 主要做法

长春新区“创新券”在科技创新服务平台上发行，用户申领后可用于购买各类科技服务产品。创新券资金由新区财政列支，使用和管理须遵守国家有关法律法规和财务规章制度，诚实申请、公正受理、择优支持、科学管理、据实列支，以确保扶持资金真正用于企业，并发挥其功能作用。

精心设计“五种服务包”，扩大服务企业的覆盖面。长春新区实施“创新券”制度，精心设计“五种服务包”，分别是初创服务包、知识产权服务包、检验测试服务包、高企服务包、新三板挂牌服务包。

科学划分“三类补贴券”，提升科技服务的针对性。针对科技型企业的不同需求，长春新区采取因企施策的方法，科学划分“三类补贴券”。一是全额补贴券。二是非全额补贴券。三是定额补贴券。

严格制定“三项新标准”，增强中介机构的参与度。设计科技中介这一核心环节，制定中介服务机构准入标准。一是可以提供知识产权、高新技术企业认定、检验测试、上市辅导等服务；二是遵纪守法开展生产经营活动，近两年未受到行政部门的行政处罚；三是能够按照要求向新区财政局、科技局等部门报送各类财务、统计报表。

（十五）江西赣江新区：探索以创新平台建设助推产业高质量发展

努力构建以企业为主体、市场为导向、产学研结合的科技创新机制。紧盯大院大所大校，通过以市场化手段组建公司法人运营的形式，共建科研创新平台。

1. 主要做法

倾力打造创新平台物理承载空间。推动江西省科技厅与江西赣江新区共建共管江西省首家技术协同创新园，实行技术协同创新的先行先试，吸引国内外一流科技研发要素、资源进驻，围绕六大主导产业，打通企业技术壁垒，弥补产业科技短板，致力将江西赣江新区打造成国内一流的新型研发机构聚集区。

着力制定创新平台政策扶持体系。分别制定出台了《赣江新区关于扶持科技创新发展的若干措施》《赣江新区科技计划项目申报指南》《赣江新区人才引进和培育暂行办法》《赣江新区人才政策兑现操作细则》及《赣江新区领导干部联系高层次人才制度》。

全力推进重点创新平台建设。以市场化手段由高层次人才团队独资或与国有公司合资组建公司法人运营的形式，建设高水平创新研究院。

2. 取得的成效

通过各类创新平台项目建设，江西赣江新区创新要素实现快速集聚，有效推动产业转型升级和高质量发展。

高新技术企业数量从江西赣江新区成立前的55家增至196家增长了256%，科技部科技型企业新增72家；发明专利拥有量从江西赣江新区成立前的303件增至922件，增长了204%，每万人有效发明专利拥有量14件（全省人均1.2件），居全省第一；省级以上研发平台数量从江西赣江新区成立前的11家增至28家，增长了155%；院士数量从江西赣江新区成立前的5人增至11人，增长了120%；海外高层次人才数量从江西赣江新区成立前的3人增至10人，增长了233%。

4

大事辑要篇
重大事件回顾

2018年国家级新区建设发展大事记

一、上海浦东新区

1月5日，上海浦东新区沪东街道的“沪东微心愿”项目获全国城市基层党建创新最佳案例奖。

1月11日，首艘全球最大的第二代40万吨超大型矿砂船“远河海”号在外高桥造船厂成功命名交付。

3月28日，浦东文创企业——哔哩哔哩（简称“B站”）在美国纳斯达克交易所挂牌上市。

4月11日，浦东企业投资建设项目审批改革后的首个项目已获批施工许可，前期全流程时间为73个自然日。

5月9日，首个自贸区央地融合发展平台——中国（上海）自由贸易试验区央地融合发展平台落地世博B片区央企总部基地。现场签约6个项目，涉及注册及募集资金达240亿元。

5月14日，上海脑科学与类脑研究中心在张江实验室揭牌。

5月15日，勃林格殷格翰全新亚洲动物保健研发中心启用，规模为目前动物保健领域亚洲最大。

6月22日，C919大型客机同时在上海和西安两地开展试飞。

7月10日，上海市政府和美国特斯拉公司签署合作备忘录，规划年产50万辆纯电动整车的特斯拉超级工厂落户上海。

8月29日，李政道研究所实验楼建设在张江科学城正式启动，总建筑面积约5.6万平方米。先期重点建设暗物质与中微子、实验室天体物理、拓扑超导量子计算三大实验平台。

9月18日，电动车辆国家工程实验室（上海中心）在金桥经济技术开发区揭牌。

9月27日，2018（第四届）上海浦东国际汽车展览会在新国际博览中心开幕。

10月27日，工业巨头ABB集团宣布，将在上海康桥投资1.5亿美元新建一座其全球最大、最先进、最具柔性的机器人工厂，实现用机器人制造机器人。

10月29日，以“科技，为了人类共同命运”为主题的世界顶尖科学家论坛在临港滴水湖畔开幕。

10月29日，首届中国国际进口博览会“6+365”常年展示销售平台之一——洋山全球进口商品展示体验中心全新亮相。

11月28日，上海集成电路设计产业园正式揭牌。

12月9日，第五届全国大众冰雪季日前在上海东方体育中心正式启动，这也是全国大众冰雪季启动仪式第一次走出北方，跨过长江。

二、天津滨海新区

3月14—15日，天津滨海新区召开区委常委会推进高质量发展务虚会。

5月7日，天津滨海新区召开人才工作领导小组会议，研究审议有关人才项目和政策，为创建繁荣宜居智慧新城提供人才支撑和智力支持。

5月17日，第二届世界智能大会智能制造论坛举行。

8月2日，天津滨海新区召开网络安全和信息化工作会议。

9月25日，天津滨海新区与中信泰富有限公司签署合作协议。

10月8日，天津滨海新区召开人才工作领导小组2018年第2次会议。

10月17日，英国石油公司投资约15亿元在南港工业区设立的全新润滑油调配厂开工建设。

12月7日，天津滨海新区专题研究新区经济工作情况。

三、重庆两江新区

1月11日，重庆两江新区与阿里巴巴网络技术有限公司签署合作协议。

1月21日，重庆两江数字经济产业园开园。

3月28日，由意大利驻渝总领事馆、重庆两江新区管理委员会、中国意大利商会三方共同组建的中意投资促进中心在两江新区正式挂牌运营。

4月8日，重庆两江新区科技企业云从科技的“跨镜追踪技术”同时刷新三个权威数据集的世界纪录，准确率上首次达到商用水平。

4月23日，重庆移动5G试验网率先在重庆两江新区开通。

4月26日，国内首家从事核酸药生物分析技术服务的实验室——迪纳利医药实验室在重庆两江新区投入使用。

5月4日，重庆两江新区与上海合作组织实业家委员会、重庆生活在线实业（集团）有限公司三方共同签署合作协议，拟在重庆自贸区两江新区片区内设立“中国—上合国际经贸发展中心”。

5月8日，重庆两江新区管委会正式印发《两江新区加快推进国际合作平台建设方案》。重庆两江新区将进一步推进国际产业合作，在已有的中新、中德、中意、中瑞、中韩、中日等产业园的基础上，还将推进中以、中英、中美等国际合作平台的建设。

5月15日，紫光集团正式签约投资建设紫光西南芯片研发中心。

5月17日，重庆零壹空间航天科技有限公司OS—X火箭“重庆两江之星”成功点火升空。

5月17日，ABB机器人重庆应用中心在重庆两江新区正式揭幕。

5月18日，中建国际建设有限公司装配式建筑生产及研发基地项目签约落户。

5月25日，中国西部国际投资贸易洽谈会在重庆两江新区开幕，共成功签约各类重点项目59个，金额约227亿元。

6月1日，重庆万国半导体12英寸功率半导体芯片制造及封装测试生产基地项目正式进入试生产阶段。

6月1日，重庆首个“一带一路”进口商品体验交易平台——奇柯世界汇在重庆保税交易中心正式开业。

6月21日，第十三届重庆高交会暨第九届国际军博会开幕，两江新区集中签约67个，签约金额超180亿元。

7月17日，中科院广州化学西部研究院一期项目正式投运。

7月31日，位于重庆两江新区水土高新生态城的远大印务转型升级基地项目完成全部项目建设，全线投产。

8月15日，恩智浦中国汽车电子应用开发中心在重庆两江新区正式投入运营。

8月23至25日，首届中国国际智能产业博览会在重庆两江新区重庆国际博览中心举办，会址永久落户重庆。重庆两江新区共计签约项目62个，协议投资金额1081.03亿元。

8月30日，“高铝硅触摸屏电子基板和高铝硅特种功能材料研发生产基地”一期项目投产，这标志着“中国制造”高铝硅特种玻璃正式量产。

9月20日，海关总署、财政部、国家税务总局、外汇局等四部门联合发文，正式批复果园港打造B型保税物流中心。

9月27日，由深圳前海深港半导体投资有限公司投资的重庆两江新区半导体产学研基地正式开业。

9月29日，重庆联创电子二期项目进入试生产阶段，重庆联创电子整个项目达产后预计年产值65亿元。

9月30日，世界500强企业发那科机器人在渝投建的重庆基地项目进行桩基础施工。

10月25日，中欧班列（渝新欧）“德国曼海姆港—重庆果园港”班列成功开行。

11月10日，重庆两江新区集中签约42个项目，总投资超过161.43亿元。中国科学院大学重庆学院正式揭牌成立。

11月28日，四川美术学院国际设计学院正式签约落户重庆两江新区悦来片区。

11月28日，由本斯特集团和长安汽车合作的新合资工厂本特勒建安汽车系统项目正式投产。

12月8日，京东方重庆第6代柔性AMOLED生产线项目在两江新区正式开工。

12月14日，总投资10亿元的中瑞（重庆两江）产业园一期项目正式开园并正式投用，建筑面积约20万平方米。

12月26日，重庆两江新区、中移物联网有限公司和华为技术有限公司联合打造的重庆两江新区物联网产业协同创新中心正式挂牌成立。

12月29日，鸿雁星座首颗试验卫星“重庆号”搭乘长二丁/远征三火箭在酒泉卫星发射中心成功发射。

四、浙江舟山群岛新区

1月1日，中国（浙江）自由贸易试验区条例正式实施。

3月5日，国际贸易“单一窗口”标准版在浙江自贸区率先开通运输工具“一单四报”业务，成为全国首个船舶进出境通关无纸化口岸。

3月13日，浙江省人民政府金融工作办公室、舟山市人民政府、中国（浙江）自由贸易试验区管理委员会与上海期货交易所在杭州举行战略合作协议签约仪式。

4月10日，全国首艘江海直达船——“江海直达1号”在安徽马鞍山完成首航，开启我国江海联运的新篇章。

4月24日，中国海仲委（浙江）自贸试验区仲裁中心、中国海仲委计量争议仲裁中心揭牌暨舟山新城航运服务集聚区启动在新城举行。

5月29日，全国首个工程建设项目全流程全覆盖审批管理系统在舟山开通，企业投资项目申请材料由原来的260项精简至60项，办理时间由200多天压缩至42个工作日。

6月21日，国家口岸管理办公室在舟山市举行国际贸易“单一窗口”标准版运输工具（船舶）申报系统全国推广应用现场会。

6月26日，十四届浙江省委全面深化改革领导小组第五次会议审议并原则通过了中国（浙江）自由贸易试验区更大改革自主权方案。

7月30日，商务部以商贸函〔2018〕459号文正式批复同意浙石化500万吨原油非国营贸易进口配额，用于2018年投产年的生产备料和加工需求。

8月7日，舟山新奥液化天然气（LNG）接收及加注站项目迎来第一艘LNG船，标志着我国首个民营企业投资建设的LNG接收站项目正式投产。

8月27日，浙江自贸试验区顺利完成全国首单、共计4.5万吨加工贸易项下的不同税号油品混兑业务。

11月14日，在中化兴中石油转运（舟山）有限公司，存储于岙山油库的2000吨保税380CST燃料油期货仓单正式生成，这是上海期货交易所挂牌上市以来，全国首单保税380CST燃料油期货业务。

12月2日，浙江自贸试验区舟山籍供油船“瑞运18”轮在沈家门中心渔港码头顺利为远洋渔船“桃远605”轮供应210吨船用燃料油，完成首单远洋渔船船用燃料油加注业务。

12月23日，利比里亚籍散货船装载75420吨混配矿，从鼠浪湖矿石中转码头离泊驶向日本君津，宁波舟山港正式启动东北亚铁矿石分拨业务。

五、兰州新区

3月13日，兰州新区职教园区产教对接座谈会在甘肃能源化工职业学院召开。

3月22日，总投资4亿元的大型生态养殖项目——兰州天欣养殖场在兰州新区开工建设。

5月5日，甘肃省委书记调研兰州新区兰泵有限公司和佛慈制药科技工业园等企业和项目运营情况。

5月23日，由兰州新区兰石工程研究院研发、兰州装备公司、兰驼公司合作生产的油田洗井车正式发车出厂，此设备填补了甘肃省装备制造业的空白。

5月29日，兰州新区跨境电商业务启动及签约仪式在新区综合保税区跨境电商监管中心成功举行。

6月6日，甘肃省省长在兰州新区主持召开甘肃省兰州新区规划建设协调推进领导小组会议，听取兰州新区工作汇报和《省直部门办理兰州新区请求支持事项和落实省政协调研报告建议情况汇总》的说明，审议《兰州新区水务管理体制改革工作方案》。

6月22日，兰州佛慈制药股份有限公司在兰州新区投资新建的兰州新区佛慈制药科技工业园一期项目正式开工投产。

7月5日，甘肃德福新材料有限公司年产2万吨高档电解铜箔项目举行开工奠基仪式。

8月4日，第十七届青海湖国际公路自行车赛在兰州新区落下帷幕。

8月7日，甘肃中药现代化产业基地项目兰州禾仁制药有限公司在兰州新区建成投产。

8月22日，首列48组“兰州号”国际班列太阳能板专列从兰州新区发车，经阿拉山口运输至哈萨克斯坦。

9月10日，正威兰州新区电子信息产业园三期高导新材料项目奠基仪式在兰州新区隆重举行。

9月10—11日，第四次国家级新区工作经验交流会暨新区工作推动会在兰州新区召开。

9月19日，兰州新区精细化工园区东区供气供热项目开建。

9月20日，兰州新区与中天羊业举行项目签约仪式。

10月11日，兰州新区参加2018中国（甘肃）中医药博览会，成功签约兰州同位素医药中心、甘肃荣康医药物流园、兰州新区中药饮片及提取物深加工、兰州新区惠仁堂总部基地等项目，投资额达3.6亿元。

10月12日，兰州新区跨境电商综合交通物流园奠基。

10月17日，蓝盾网络信息安全学院项目举行开工仪式。

10月18日，兰州新区精细化工园区基础设施暨第一批项目开工仪式隆重举行，规划面积100平方公里的千亿级精细化工产业园全面开工建设。

10月18日，兰州新区中川人民医院项目举行落成典礼。

10月18日，兰州·中国国际机械城项目举行开工奠基仪式。

11月2日，兰州广通新能源汽车有限公司车辆投产暨甘肃省新能源汽车产业技术创新战略联盟成立仪式在兰州新区举行。

11月13日，甘肃三建、兰州连华、甘肃炜业、雨象恒源木材等4个新材料产业项目在秦川园区集中开工。

11月23日，兰州新区百年海洋世界举行签约仪式，兰州百年奥特莱斯经营管理有限公司与中国海洋大学签订合作协议。

11月26日，兰州新区成立李灿院士专家工作站并揭牌。

12月6日，兰州新区西北绿色新型铝加工产业园暨年产20万吨铝箔项目、中天羊业生态农业示范园建设项目开工。

12月16日，我国首批从哈萨克斯坦进口的羊肉运抵兰州新区综合保税区。

12月21日，兰州新区管委会第34次会议审议通过《兰州新区产业发展扶持及奖励政策（修订）》《兰州新区2018—2020年农业保险助推脱贫攻坚实施方案》。

六、广州南沙新区

1月2日，科大讯飞华南人工智能研究院及相关校企联合实验室在南沙挂牌成立。

2月23日，广州南沙开发区管委会与诺贝尔奖获得者科学联盟战略签署合作框架协议。

3月30日，国家工商行政管理总局在广州南沙新区召开“证照分离”改革重点地区经验交流会（南片）。

5月17日，香港特别行政区行政长官考察南沙庆盛高铁站，了解南沙与香港未来合作空间及交通枢纽情况。

5月30日，广州市委书记主持召开广东自贸试验区广州南沙新区片区工作领导小组暨广州南沙新区开发建设工作领导小组2018年第一次会议。

6月7日，香港特别行政区全国人大代表团到南沙开展专题调研，了解粤港澳大湾区规划建设情况。

6月20日，广州市“一带一路”投资企业联合会成立并落户南沙。

7月22日，广东省委常委、广州市委书记到广州南沙新区调研，走访南沙港区国际航运中心、口岸大厦联检大楼、明珠湾开发展览中心、香江独角兽牧场人工智能孵化基地等地。

8月21日，“推进粤港澳大湾区建设”专题调研组到南沙进行实地调研。

9月5日，广东省委常委、广州市委书记主持召开广东自贸试验区广州南沙新区片区工作领导小组暨广州南沙新区开发建设工作领导小组2018年第二次会议。

9月8日，香港特区18区区议会正、副主席赴粤港澳大湾区考察团到广州南沙新区考察南沙港、粤港澳科技展示交流中心等地。

七、陕西西咸新区

1月3日，陕西西咸新区行政审批与政务服务局为西安嘉瀚机电科技有限公司核发了《关于西安嘉瀚机电科技有限公司厂房建设项目环境影响评价报告表的批复》文件，颁发首张加盖“陕西省西咸新区行政审批与政务服务局审批专用章”的许可批文，标志着陕西西咸新区正式进入“一枚印章管审批”新阶段。

2月8日，陕西西咸新区举行综合行政执法机构成立暨换装仪式，标志着新区“一支队伍管执法”迈出重要一步。

3月20日，全省首个“走出去”一站式服务平台线上系统在沣东新城正式启用。

3月27日，陕西省省长赴空港新城调研自贸区发展情况。

3月27日，沣东新城开出陕西西咸新区首张“中国税收居民身份证明”。

3月29日，空港新城与西藏航空有限公司正式签署项目合作协议，将建设总投资约10亿元西藏航空西安运营基地。

4月2日，陕西西咸新区环保税顺利开征。

4月13日，陕西西咸新区在全省有了自己的“公路户籍”，建养项目申报和资金争取渠道全部打通。

4月14日，陕西西咸新区正式推行“5+2”延时审批服务。

4月19日，沣东新城中俄丝路创新园正式开园。

4月23日，沣东新城在全省率先启动双随机跨部门联合检查。

4月25日，国家发展改革委、民航局正式批复在空港新城设立国家临空经济示范区。

4月27日，空港新城首家“双创”咖啡开业。

6月1日，国务院批复同意陕西西咸新区成为深化服务贸易创新发展试点。

7月18日，陕西西咸新区融资担保有限公司揭牌成立。

8月24日，陕西省首个进口非特殊用途化妆品备案窗口在秦汉新城自贸功能区正式启用。

9月7日，陕西自贸区空港功能区加入世界自由区组织。

9月27日，陕西首条通往东南亚全货运航线——西安至河内全货运航线在空港新城开通。

11月1日，中国国际贸易促进委员会陕西自由贸易试验区服务中心（沣东）在沣东服务贸易创新示范园正式挂牌成立。

11月9日，陕西省首单航空货物关税保证保险落地陕西自贸试验区空港功能区。

11月22日，陕西省首家自贸区24小时自助办税服务厅在秦汉新城正式启用。

12月1日，陕西西咸新区辖区行政案件明确指定管辖。

12月20日，陕西西咸新区招商局驻长三角招商处正式揭牌，标志着新区招商工作“走出去”迈出重要一步。

12月26日，陕西西咸新区与南京、深圳、武汉、成都等19个城市正式纳入中国宏观经济研究院国情调研基地。

八、贵州贵安新区

1月4日，贵州省委常委、常务副省长到贵州贵安新区调研产业招商情况和重大项目推进情况。

1月17日，贵州省委副书记、代省长赴华芯通公司北京研发中心调研。

5月16日，贵州省委常委、常务副省长主持召开贵州贵安新区工作专题汇报会。

5月25日，苹果iCloud中国（贵安）数据中心项目奠基仪式举行。

5月28日，腾讯七星数据存储中心一期启动仪式举行。

6月4日，贵州省委常委、常务副省长主持召开听取贵州贵安新区规划情况汇报专题会议。

8月7日，贵州省省长到贵州贵安新区调研。

12月18日，贵州贵安新区与中国建设银行贵州省分行举行智慧城市政务服务平台、掌上贵安公众号上线暨战略合作协议签约仪式。

12月26日，贵州长江汽车有限公司向安顺市平坝区悦达公交公司交付35辆“贵州牌”GK6851GBEV1新能源公交客车。

12月27日，贵州省国家新型城镇化综合试点暨小城镇建设现场观摩会在新区举行。

12月29日，贵州贵安新区在泰邦制药项目建设现场举行2018年重大项目集中开工仪式，此次集中开工重大项目共5个，总投资174.82亿元，2019年计划完成投资62亿元。

九、青岛西海岸新区

1月5日，青岛西海岸新区中德生态园被动房推广示范小区——绿色公元项目一期主体封顶，标志着亚洲最大的被动式住宅示范小区主体完工。

1月11日，中法经贸合作项目签约仪式在北京举行，将在青岛西海岸新区国际经济合作区内建设中法工商创新基地。

1月19日，总投资约200亿元的金能科技新材料与氢能源综合利用项目签约落户董家口经济区，成为青岛西海岸新区第33个百亿级项目。

1月25日，国内首款无人驾驶车从青岛西海岸新区驶出，发布了国内第一款具有自主知识产权、可实现完全自主运行的无人驾驶车辆。

1月31日，西海岸新区与英国工商业联合会在北京人民大会堂签署了共同推动青岛中英创新产业园生命科学与创意产业孵化器及中英贸易平台的合作协议。

2月1日，总规模100亿元的青岛西海岸制造业转型升级发展基金在青岛经济技术开发区正式设立，这是青岛设立的首个新旧动能转换基金。

3月7日，“海尔COSMOPlat国家级工业互联网+智能制造集成应用示范平台发布会”在青岛召开。海尔COSMOPlat获批“基于工业互联网的智能制造集成应用示范平台”，成为全国首家国家级工业互联网示范平台。

3月12日，全国首个军民融合学院——青岛军民融合学院在青岛西海岸新区揭牌。

3月25日，总规模为100亿元的军民融合产业基金正式签约。

3月30日，投资约150亿元的全国首个协同式集成电路制造（CIDM）项目落户青岛西海岸新区，并于5月18日开工建设，打破了山东省制造业“缺芯少面”的局面。

4月14日，国内首个军队人才技能素质提升培训基地在青岛港湾职业技术学院揭牌成立。

4月21日，中俄地方合作园（青岛）启动仪式暨2018青岛中俄地方合作交流活动在新区举行。

4月28日，青岛西海岸新区国际经济合作区2030可持续发展指标体系通过专家认证，这是国内首个对标联合国2030标准的可持续发展指标体系。

5月21日，世界级“海上油气处理厂”P67在青岛西海岸新区成功交付巴西，这是首次由我国自主集成的世界级FPSO（海上浮式生产储卸油装置）。

7月2日，国内最大智能深海渔场——“海南陵水深远海渔业养殖平台”在青岛西海岸新区开建。

9月4日，中瑞中小企业交流中心在青岛西海岸新区国际经济合作区正式启动。

9月6日，以“经略海洋，共建共享”为主题的“2018东亚海洋合作平台青岛论坛”在青岛西海岸新区隆重开幕。

10月14日，2018年度“中德投资合作与隐形冠军论坛”在青岛西海岸新区举行。

10月19日，山东省首个中俄地方合作法律事务中心在青岛西海岸新区揭牌成立。

11月13日，全球生产规模最大的滚筒洗衣机智造基地——“海尔千万级直驱空气洗基地”在青岛西海岸新区落成。

12月26日，董家口30万吨原油码头二期工程在青岛西海岸新区董家口经济区奠基开建，成为全国进口油接卸第一大港。

十、大连金普新区

3月30日，大连金普新区“证照分离”改革试点全域开启。

5月4日，大连金普新区在全国率先创新食品监管方式，由委托的第三方社会服务机构承担，改变原来由政府职能部门承担的相对粗放的监管方式。

6月12日，辽宁省与江苏省对口合作座谈会暨签约仪式在沈阳举行，辽宁（大连）苏商产业园落户金普新区的大连金州经济开发区。

6月15日，大连开发区管委会与大连商品交易所签署项目投资协议。

6月19—23日，大连金普新区招商代表团赴上海参加“沪连经贸合作上海·大连活动周”活动，签约中电科数字中国之智慧金普建设等11个项目，总投资额72.1亿元。

6月24日，中远海运与大连港合作的“大连—莫斯科班列”从位于金普新区的大连港铁路中心站首发。

7月1日，大连金普新区“多证合一”升级为“32证合一”，企业登记便利化程度再提升。

7月17日，在开发区海关报关大厅，大连最上世纪模塑有限公司通过国际贸易“单一窗口”网站缴纳税费。

7月25日，大连金普新区“马上办2.0”——金普一号“马上办”专线试运行。

8月30—31日，大连金普新区新组建的16个中心挂牌成立，标志着金普新区事业单位改革工作取得阶段性成果。

9月21日，英特尔半导体（大连）有限公司非易失性存储二期项目正式投产。

11月16日，大连跨境电商综合试验区保税港园区正式开园。

12月6日，大连金普新区召开2019“项目浪潮年”启动暨项目签约大会。美国辉瑞制药三期、德国柏德汽车皮革三期、日本高新天龙制锯、格劳博EV、松下汽车动力电池二期、恒大养生谷、金石滩日本风情商业小镇等20个项目现场签约，投资总额445亿元。

12月27日，“智慧新区”建设战略合作座谈会暨签约仪式在大连举行。

十一、四川天府新区

1月4日，天府新区集中开工和启动重点项目31个，总投资约3084.07亿元。

3月22日，海关总署、财政部、税务总局、外汇管理局联合发文，准予设立天府新区成都片区保税物流中心（B型）。

4月18日，天府新区商会成立。

5月2日，中国科学院大学、成都市人民政府、中国科学院成都分院签署协议，在天府新区共建“中国科学院大学成都学院”。

5月11日，天府公园城市研究院挂牌成立。

5月18日，安谋科技（中国）有限公司与四川天府新区成都管委会签署战略合作协议，计划共同建设Arm集成电路设计服务平台、中国西部研发中心、教育研发总部、智慧小镇等项目。

5月21日，前海金融控股有限公司与四川天府新区成都管委会签订战略合作协议，拟投资10亿元设立天府前海国际创新金融中心。

7月4日，四川省金融科技学会落户天府新区。

7月12日，四川天府新区成都片区人民法院（四川自由贸易试验区人民法院）经最高人民法院、省委编委批准正式挂牌成立。

9月5日，四川省国资委与四川天府新区成都管委会签约开展战略合作，共建大数据产业园、数字经济产业园等。

9月12日，天府新区人工智能高端人才培育暨认证基地正式投入使用，承载了微软在中国大陆地区首个“微软菁英培训暨认证计划”项目。

12月14日，天府新区成都管委会与西南政法大学签约开展战略合作。

十二、湖南湘江新区

1月29日，伟创力长沙智能制造产业园项目落户湖南湘江新区。

2月2日，湖南湘江新区出台《湖南湘江新区产业用地有偿使用管理暂行办法》及配套细则，开展差别化地价改革。

3月1日，湖南首家知识产权法庭在湖南湘江新区揭牌成立。

4月2—3日，2018年互联网岳麓峰会在湖南湘江新区召开，湖南省委、省政府、长沙市委主要领导出席。

5月3日，国务院通报表彰湖南湘江新区双创工作。

5月14日，德国卓伯根中国总部项目落户湖南湘江新区洋湖生态新城。

6月12日，湖南湘江新区智能系统测试区开园。

7月6日，湖南湘江新区专利大数据服务平台上线。

7月12日，湖南省委书记调研岳麓山国家大学科技城。

9月3日，湘江地平线人工智能研究院落户湖南湘江新区。

9月4日，京东南方科创总部落户湖南湘江新区，将在智能科技产业基金、京东无人车总部、京东X无人超市等方面展开合作。

9月4日，猎豹移动机器人研究院落户湖南湘江新区。

9月27日，湖南湘江新区承办长江中游城市群省会城市第六届会商会，并与武汉、合肥、南昌四城市新区签订《长江中游城市群省会城市新区发展合作框架协议》。

9月29日，华谊兄弟（长沙）电影小镇开园试运行。

10月7—9日，“湘江智谷·驱动未来”湖南·德国经贸合作对接活动在湖南湘江新区举行。

10月9日，长沙市委常委、湘江新区党工委副书记、管委会主任赴成都参加全国大众创业、万众创新活动周，作为国家级新区代表发言。

10月11日，湖南湘江新区与德国大陆集团签约，双方将在智慧城市建设和智能出行上进行全面合作。

10月29日，湖南湘江新区与百度集团签约，双方将携手共建自动驾驶与车路协同创新示范城市。

11月28日，举办“2018中国（长沙）网络安全·智能制造大会”“智能网联汽车·未来之路”湘江高峰论坛。

11月28日，湖南湘江新区智能系统测试区被工业和信息化部授予“国家智能网联汽车（长沙）测试区”牌照，正式跻身国家队。

11月28日，腾讯（长沙）智慧产业总部落户湖南湘江新区。

12月28日，全国首条开放道路智慧公交示范线在湖南湘江新区试运行。

十三、南京江北新区

2月5日，南京市委常委集体调研南京江北新区。江苏省委常委、南京市委书记要求南京江北新区要在更高坐标系中谋划新区发展，高质量建设科技新区、产业新区、品质新区、生态新区、开放新区和幸福新区。

2月6日，南京江北新区印发实施方案，在直管区范围内开展“证照分离”改革试点。

2月8日，南京江北新区下发《关于明确新区部分事业单位编制的通知》，相继出台50家公共管理类事业单位“三定”规定，推动南京江北新区事业单位实质性运作。

2月9日，南京江北新区2018年首批重大产业项目集中开工，项目共计39个，总投资701.3亿元，涵盖智能制造、生命健康、新材料、新金融、科技服务、创新载体、现代物流和高端商贸等产业领域。

4月12日，“2018中国半导体市场年会暨IC中国峰会”在南京江北新区盛大开幕。

5月2日，南京市市长专题调研南京江北新区城市建设管理工作。

6月14日，江苏省委常委、南京市委书记专题调研南京江北新区创新、城建、环保以及法治园区项目选址等重点工作。

7月2日，南京江北新区举行“5G试验网规模化组网建设启动暨高质量推进智慧新区建设签约活动”，南京江北新区管委会与华为技术有限公司、中国平安保险（集团）股份有限公司分别签署战略合作协议。

7月31日，江苏省相对集中行政许可权改革试点现场推进会在南京江北新区召开。

9月6日，“2018中国·南京金秋经贸洽谈会”专场活动“南京江北新区‘两城一中心’产业创新与发展恳谈会”举办，共签约16个重大项目，总投资119.8亿元。

9月19日，由南京江北新区主办的以“芯时代·共成长”为主题的“2018中国芯片发展高峰论坛”隆重开幕。

9月29日，南京禄口国际机场江北新区城市候机楼投运仪式在南京江北新区举行。

10月13日，南京江北新区于“2018世界智能制造大会”上签约落户5个南京市智能制造重大项目，项目总投资约69亿元。

10月19日，中国（南京）知识产权保护中心在南京江北新区正式挂牌成立。

10月31日，台积电南京项目正式宣布实现量产。

11月5日，“剑桥大学南京科技创新中心”项目在南京江北新区启动。

11月19日，南京市首张房建类新版施工许可证在南京江北新区发出，南京市工程建设项目审批制度改革取得新进展。

11月21日，“2018南京江北新区‘两城一中心’暨服务贸易恳谈会”在香港举行，共计6个项目签约落户南京江北新区，涉及集成电路、新金融、新材料、生物医药等相关产业，总投资约52亿元。

12月10日，江苏省委常委到南京集体调研，并召开会议专题研究南京市工作。江苏省委书记提出，南京江北新区建设决定着南京城市发展的格局和走向，要求南京江北新区增强资源集聚力、核心竞争力和国际影响力，为服务全省大局贡献力量。

十四、福州新区

1月30日，福州新区管委会初步梳理福州新区开展“证照分离”行政审批事项清单，根据省政府最新公布的纵向清单，核对福州新区审批事项目录，共计105大项218子项。

3月9日，中共福州新区仓山功能区委员会、福州新区仓山功能区管委会正式挂牌。

4月22—24日，首届数字中国建设峰会在福州举行。

4月23日，首届数字中国建设峰会物联网分论坛在马尾举行。

5月8日，长乐区行政服务中心大厅正式开设福州新区长乐功能区窗口，受理长乐功能区范围内企业“证照分离”有关事项。

6月30日，福建省住房和城乡建设厅与福州市人民政府共同组织的《福州新区总体规划（2015—2035年）》专家咨询会在福州市规划馆召开。

7月31日，“2018海峡两岸经济合作交流会”在仓山功能区召开，福建省台盟、福建省台办、福建省台联、福州市投资促进局等部门出席开幕式。

9月25日，中国移动（福建福州）数据中心一期工程在中国东南大数据产业园奠基动工，标志滨海新城又一推动大数据产业发展的重要工程正式启动建设。

10月11日，福州市委常委会审定并原则同意琅岐岛文旅项目开发建设方案及《福州市琅岐岛项目合作协议》。

10月13日，福州滨海新城26个项目集中开工，总投资约106.8亿元，涵盖房建、基础设施和产业三大类。

11月29日，“健康医疗大数据中心与产业园建设国家试点工程（福州）成果发布暨在榕生态企业投资签约活动”举行。

12月1日，天津大学、新加坡国立大学、市政府、省教育厅在福州签订合作办学协议，天津大学福州国际校区落户滨海新城。

12月24日上午，琅岐岛文旅项目正式开工。

12月28日，中国·福州物联网产业创新发展中心举行招商项目签约仪式，签约项目26个，涵盖通信设备、卫星通导、工控安全等领域，总投资额近百亿元。

十五、云南滇中新区

1月10日，云南滇中新区东片区骨架道路嵩昆大道（一期）、空港大道中段（文林路至机场北高速）举行通车仪式。

1月，启动《云南东盟产业城概念性空间发展规划设计》，由新加坡刘太格大师规划团队承担编制任务。

2月，在2018年昆明市"两会"上，云南滇中新区发布2017年发展报告。

3月，云南滇中新区全面完成22家签状单位的2017年工作目标军令状考核工作。

4月11日，"江铃集团新能源汽车昆明基地项目签约暨开工仪式"在杨林经开区举行。

4月19日，云南滇中新区横贯东片区东西向的重要城市快速路——哨关大道举行通车仪式。

4月26日，京东方（昆明）OLED微显示器件生产线项目开工。

5月4日，云南省委书记调研云南滇中新区中石油云南石化有限公司。

6月9日，"央企入滇·国药集团滇中新区产业项目研讨会"在云南滇中新区举行，国药中生云南生物制品产业化基地项目正式启动。

6月15日，"'第5届中国—南亚博览会暨第25届中国昆明进出口商品交易会'昆明市·滇中新区项目签约仪式"在昆明会堂举行，共签订合作项目109个。

6月15日，"'第5届中国—南亚博览会暨第25届中国昆明进出口商品交易会'昆明市·滇中新区重点项目集中开工仪式"在昆明高新区举行，集中开工重点项目44个，协议投资总额约665.76亿元。

6月，《云南滇中新区总体规划（2018—2035年）》按要求报送云南省城乡规划委员会办公室。

7月2日—5日，云南省省长率省政府领导班子成员和省级有关部门负责人到昆明市、云南滇中新区调研。

7月5日，国家税务总局云南滇中新区税务局正式挂牌成立。

8月9日，云南滇中新区机场北高速公路项目独家节特大桥跨线段实现双幅同时成功转体。

8月28日，中石油云南石化有限公司安全平稳绿色开车一周年，累计加工原油迈过1000万吨大关，达到1050万吨，实现工业总产值560亿元。

9月4日，云南滇中新区智慧综合管廊一期工程通过预验收。住建部、云南省住建厅相关领导和专家出席会议。

9月11日，东盟产业城项目征地拆迁工作正式启动。

9月20至21日，由中国标准化协会主办的2018中国“管廊万里行”城市地下综合管廊安全运营管理标准化、智能化技术交流观摩会在云南滇中新区举行。

9月28日，云南滇中新区举行“智能装备产业园项目建成投用暨企业入驻仪式”，来自香港、深圳等地的5家智能终端企业率先入驻园区。

11月14日，由上海市人社局和云南省人社厅联合组织的上海市高层次人才智力支持云南行活动在云南滇中新区开展。

11月26日，“2018云南省工程建设质量提升行动暨质量安全标准化工地观摩会”召开。

12月26日，昆明新能源汽车研发中心首车下线仪式在云南滇中新区汽车产业园举行。

十六、哈尔滨新区

4月2日，黑龙江省委书记在哈尔滨新区主持召开专题办公会议2018年第六次会议，研究部署哈尔滨新区相关工作。

4月16日，黑龙江省省长主持召开省政府专题会议第十四次会议，听取哈尔滨市有关工作汇报，对哈尔滨新区体制、城市总体规划等问题进行研究部署。

5月18日，黑龙江省省长主持召开省政府常务会议第七次会议。会议听取了哈尔滨市市长的汇报，讨论并原则通过了《关于健全哈尔滨新区管理体制和运行机制有关情况的汇报》。

5月21日，黑龙江省委书记主持召开省委常委会第47次会议，讨论并原则同意《关于哈尔滨新区管理体制和运行机制的意见》。

6月7日，哈尔滨新区管理委员会在哈尔滨市政府正式挂牌成立。

7月1日，哈尔滨新区（松北区）托管交接工作会议召开。自7月1日零时起，哈尔滨新区（松北区）正式对利民开发区实施托管，新区原来江北的两个片区融为一体，实现一体化发展。

7月5日，黑龙江省政府成立哈尔滨新区工作领导小组，负责统筹研究决策哈尔滨新区建设发展的重大事项。哈尔滨新区领导小组办公室设在黑龙江省发展改革委。

8月6日，黑龙江省省长主持召开省政府常务会议第十二次会议，要求对《关于支持哈尔滨新区改革开放和创新发展的意见（讨论稿）》进一步修改完善。

8月17日，哈尔滨市政府成立哈尔滨市新区协调推进小组，负责统筹推进新区工作。

10月24日，黑龙江省委书记主持召开省委第67次常委会，审议《关于支持哈尔滨新区改革创新促进高质量发展的意见（审议稿）》。

12月25日，黑龙江省委、省政府发布《关于支持哈尔滨新区改革创新促进高质量发展的意见》（黑发〔2018〕48号）。

十七、长春新区

1月2日，“支持长春新区发展，实施出入境新政策，外国人永久居留身份证首发仪式”在长春市公安局出入境管理局长春新区外国人服务大厅召开。

3月5日，法国居里研究所与长春空港普仁医疗投资有限公司就设立“居里（中国·长春）肿瘤中心”和“居里质子治疗中心”项目签约。

4月11日，中共吉林省委书记到长春新区，就贯彻落实全国两会精神，推动高质量发展、加快产业转型升级、强化科技创新和人才培育等工作开展调研。

4月23日，由长春新区主办的“长春中日智能制造产业园揭牌暨中日企业智能化改造对接会”在长春高新区中日智能制造产业园举行。长春斯纳欧软件有限公司分别与TDI产品解决方案株式会社等日本企业以及长春大正博凯汽车设备有限公司等企业签约。

4月26日，长春新区举行“春季招商项目集中签约暨异地商会走进长春新区”活动。29个产业项目集中签约，投资总额达326.96亿元。

5月3日，长春新区召开全区进一步优化营商环境大会，发布《长春新区打造一流营商环境“二十条”措施》。

6月7日，吉林省政府举行推进“证照分离”改革试点新闻发布会，发布试点单位改革主要内容，并详细解读相关细节。

6月27日，中共吉林省委副书记、省长到长春新区就开发区建设情况进行调研。

7月16日，长春新区与德国爱达克（EDAG）公司签署战略合作协议。

8月8日，长春新区所属长德经济开发区与吉林省庆丰旅游康养开发有限公司签署项目入区协议，天吉旅游康养小镇项目正式入驻长德经济开发区，总投资65亿元，占地面积110万平方米，建筑面积160万平方米。

12月3日，“吉林省科技成果转移转化促进大会暨长吉图国家科技成果转移转化示范区建设工作推进会”在长春新区举行。

12月6日，中共长春市委常委、长春新区党工委书记带队到北京与国家知识产权运营公共服务平台洽谈支持长春新区建设国家知识产权运营公共服务平台北方平台事宜，并签署全面合作协议。

十八、江西赣江新区

1月24日，江西省省长在省政府办公厅《每日要情》第18期《中国（南昌）中医药科创城建设加快推进》一文上作出重要批示，对江西赣江新区中医药科创城建设给予充分肯定，并要求江西赣江新区继续努力，加快推进此项工作。

2月24日，江西省委书记调研江西赣江新区开发建设，并走访慰问企业。

3月19日，江西赣江新区经开组团、临空组团2018年春季产业项目集中开工、签约仪式举行。

4月18日，江西省委书记到江西赣江新区调研，并主持召开江西赣江新区建设领导小组第三次会议。

7月30日，江西省委十四届六次全体（扩大）会议提出，江西赣江新区必须进一步创新体制机制，用足用好政策机遇，在先行先试中大胆创新、率先发展，成为展示江西高质量跨越式发展的靓丽窗口、引领全省高质量跨越式发展的战略制高点。

8月14日，江西省委副书记、代省长调研江西赣江新区，并考察了有关企业。

8月25日，国务院第十四督查组调研江西赣江新区城市建设和产业发展情况。

9月30日，江西省委书记到江西赣江新区调研。

10月9日，江西省委、省政府召开“中国（南昌）中医药科创城建设现场推进会”，现场举行了项目签约及服务平台集中揭牌仪式。

11月29日，“2018中德汽车大会”在南昌举行。

12月27日，江西省委十四届七次全体（扩大）会议提出，江西赣江新区要以融合协作、创新驱动为主线，吸引聚集高端经济要素，打造全省改革创新的强大引擎和对外开放的靓丽窗口。

十九、河北雄安新区

2月28日，河北雄安新区首个重大交通项目京雄城际铁路正式开工建设。

3月1日，河北雄安新区管委会与中国电子科技集团有限公司在石家庄签署战略合作框架协议。

3月1日，北京市援助雄安新区办学项目启动仪式在雄安新区容城小学举行，北京市朝阳区实验小学雄安校区、北京市第八十中学雄安校区、北京市六一幼儿院雄安院区、北京市海淀区中关村第三小学雄安校区正式挂牌成立。

3月12日，河北雄安新区服装产业转型升级项目战略合作框架协议签约仪式在容城县举行。

4月2日，河北省政府、雄安新区管委会在石家庄市与中国移动通信集团公司签署战略合作协议。

4月3日，河北雄安新区管委会、雄安集团在石家庄市分别与国家开发银行、中关村科技园区管委会签署战略合作协议。

4月4日，国家金库河北雄安新区中心支库正式设立运行。

4月21日，中共中央、国务院批复了《河北雄安新区规划纲要》。

4月22日，河北省政府与国家电网公司在石家庄市签署合作框架协议。

5月16日，河北雄安新区生态环境局正式挂牌。

5月18日，河北雄安新区管委会与中国联通签署战略合作协议。

7月4日，河北雄安新区管委会与中国医药集团有限公司在石家庄签署战略合作框架协议。

9月14日，北京市卫生计生委、河北省卫生计生委和雄安新区管委会联合签署关于支持雄安新区医疗卫生事业发展合作框架协议。

9月15日，党中央、国务院印发《关于支持河北雄安新区全面深化改革和扩大开放的指导意见》。

9月15日，第三届“白洋淀国际服装文化节”在河北雄安新区拉开帷幕。

9月19日，2018“雄安新区超低能耗建筑国际论坛”在雄安市民服务中心开幕。

10月15日，北京市党政代表团到河北雄安新区考察，进一步深化京冀交流合作，共同推进河北雄安新区规划建设。

10月18—24日，河北雄安新区成功举办第一届“河北国际工业设计周”。

12月4日，中国铁塔河北省分公司院士工作站落户河北雄安新区发布会在雄安市民服务中心隆重举行。

12月19日，河北雄安新区在上海证券交易所成功首发河北省政府—雄安新区建设债券300亿元。

12月25日，经党中央、国务院同意，国务院正式批复《河北雄安新区总体规划（2018—2035年）》。

5

附　录

附　表

表5-1　国家级新区基本情况

序号	新区名称	批准文件	批复时间	规划面积（km^2）	功能定位
1	上海浦东新区	略	1990年6月	1210	略
2	天津滨海新区	国发〔2006〕20号	2006年5月	2270	略
3	重庆两江新区	国函〔2010〕36号	2010年5月	1200	我国内陆重要的先进制造业和现代服务业基地，长江上游地区的金融中心和创新中心，内陆地区对外开放的重要门户，科学发展的示范窗口
4	浙江舟山群岛新区	国函〔2011〕77号	2011年6月	1440	我国大宗商品储运中转加工交易中心、东部地区重要的海上开放门户、海洋海岛综合保护开发示范区、重要的现代海洋产业基地、陆海统筹发展先行区
5	兰州新区	国函〔2012〕104号	2012年8月	806	西北地区重要的经济增长极、国家重要的产业基地、向西开放的重要战略平台和承接产业转移示范区
6	广州南沙新区	国函〔2012〕128号	2012年9月	803	粤港澳优质生活圈、新型城市化典范、以生产性服务业为主导的现代产业新高地、具有世界先进水平的综合服务枢纽、社会管理服务创新试验区
7	陕西西咸新区	国函〔2014〕2号	2014年1月	882	我国向西开放的重要枢纽、西部大开发的新引擎和中国特色新型城镇化的范例
8	贵州贵安新区	国函〔2014〕3号	2014年1月	1795	经济繁荣、社会文明、环境优美的西部地区重要的经济增长极、内陆开放型经济新高地和生态文明示范区

续表

序号	新区名称	批准文件	批复时间	规划面积（km^2）	功能定位
9	青岛西海岸新区	国函〔2014〕71号	2014年6月	2096	海洋科技自主创新领航区、深远海开发战略保障基地、军民融合创新示范区、海洋经济国际合作先导区、陆海统筹发展试验区
10	大连金普新区	国函〔2014〕76号	2014年6月	2299	我国面向东北亚区域开放合作的战略高地、引领东北地区全面振兴的重要增长极、老工业基地转变发展方式的先导区、体制机制创新与自主创新的示范区、新型城镇化和城乡统筹的先行区
11	四川天府新区	国函〔2014〕133号	2014年10月	1578	以现代制造业为主的国际化现代新区，内陆开放经济高地、宜业宜商宜居城市、现代高端产业集聚区、统筹城乡一体化发展示范区
12	湖南湘江新区	国函〔2015〕66号	2015年4月	490	高端制造研发转化基地和创新创意产业集聚区、产城融合城乡一体的新型城镇化示范区、全国“两型”社会建设引领区、长江经济带内陆开放高地
13	南京江北新区	国函〔2015〕103号	2015年6月	788	自主创新先导区、新型城镇化示范区、长三角地区现代产业集聚区、长江经济带对外开放合作重要平台
14	福州新区	国函〔2015〕137号	2015年8月	800	两岸交流合作重要承载区、扩大对外开放重要门户、东南沿海重要现代产业基地、改革创新示范区和生态文明先行区
15	云南滇中新区	国函〔2015〕141号	2015年9月	482	我国面向南亚东南亚辐射中心的重要支点、云南桥头堡建设重要经济增长极、西部地区新型城镇化综合试验区和改革创新先行区

续表

序号	新区名称	批准文件	批复时间	规划面积（km^2）	功能定位
16	哈尔滨新区	国函〔2015〕217号	2015年12月	493	中俄全面合作重要承载区、东北地区新的经济增长极、老工业基地转型发展示范区和特色国际文化旅游聚集区
17	长春新区	国函〔2016〕31号	2016年2月	499	创新经济发展示范区、新一轮东北振兴的重要引擎、图们江区域合作开发的重要平台、体制机制改革先行区
18	江西赣江新区	国函〔2016〕96号	2016年6月	465	中部地区崛起和推动长江经济带发展的重要支点
19	河北雄安新区	略	2017年4月	1770	重点打造北京非首都功能疏解集中承载地，建设绿色生态宜居新城区、创新驱动发展引领区、协调发展示范区、开放发展先行区，努力打造贯彻落实新发展理念的创新发展示范区

注：各新区功能定位依据党中央、国务院相关文件或批复摘编。

表5-2 2018年国家级新区主要经济指标表

序号	新区名称	地区生产总值			一般公共预算收入（亿元）		固定资产投资（亿元）	
		总额（亿元）	占所在省（市）比重（%）	增速（%）	总额（亿元）	增速（%）	总额（亿元）	增速（%）
1	上海浦东新区	10462	32.0	8.0	1066	7.0	2003	16.1
2	天津滨海新区	7193	38.2	4.4	464	-12.3	1634	-5.3
3	重庆两江新区	2933	14.4	4.2	338	9.2	1992	12.4
4	浙江舟山群岛新区	1317	2.3	6.7	146	16.1	—	7.5
5	兰州新区	205	2.5	16.0	15	15.6	308	19.4
6	广州南沙新区	1458	1.5	6.5	75	6.4	588	持平
7	陕西西咸新区	382	1.6	13.3	52	48.4	—	12.5
8	贵州贵安新区	138	0.9	12.9	20	25.8	222	8.5
9	青岛西海岸新区	3517	4.6	9.8	263	7.8	—	13.1
10	大连金普新区	2438	9.6	7.5	162	6.1	536	16.0
11	四川天府新区	2714	6.7	10.1	250	23.0	1974	13.5
12	湖南湘江新区	2300	6.3	10.5	391	19.3	—	13.3
13	南京江北新区	2528	2.7	11.3	263	21.1	1350	13.4
14	福州新区	1838	5.1	10.6	233	3.0	1360	35.7

续表

序号	新区名称	地区生产总值			一般公共预算收入（亿元）		固定资产投资（亿元）	
		总额（亿元）	占所在省（市）比重（%）	增速（%）	总额（亿元）	增速（%）	总额（亿元）	增速（%）
15	云南滇中新区	623	3.5	13.1	76	33.7	—	13.0
16	哈尔滨新区	768	4.7	8.0	34	21.4	—	2.2
17	长春新区	966	6.4	8.1	17	24.2	352	25.2
18	江西赣江新区	734	3.3	9.6	57	10.2	—	17.5
19	河北雄安新区	—	—	—	—	—	—	—

附　图

图5-1 国家级新区地理位置图

新区位置
图 例
区政府
自贸区管委会
镇政府
旅游文化区
森林公园
区界
铁路
城市道路
高速公路
轨道交通
新区范围界
建成区
中国(上海)自贸区
城市建设用地
国家级开发区
湿地
比例尺 1:380 000
崇明区
宝山区
闵行区
奉贤区
浦东新区
外高桥保税区
外高桥保税物流园区
金桥片区
张江高科技片区
陆家嘴金融片区
自贸区管委会
高桥镇
高东镇
高行镇
金桥镇
曹路镇
合庆镇
张江镇
唐镇
川沙新镇
北蔡镇
三林镇
康桥镇
周浦镇
祝桥镇
惠南镇
老港镇
航头镇
新场镇
宣桥镇
书院镇
万祥镇
大团镇
泥城镇
南汇新城镇
洋山保税港区
浦东国际机场
浦东机场综合保税区
上海迪士尼乐园
上海野生动物园
上海滨江森林公园
上海滨海森林公园
九段沙湿地
横沙岛
长兴岛
上海绕城高速
外环高速
申嘉湖高速
沪芦高速
沪金高速
浦东铁路

图5-2 上海浦东新区

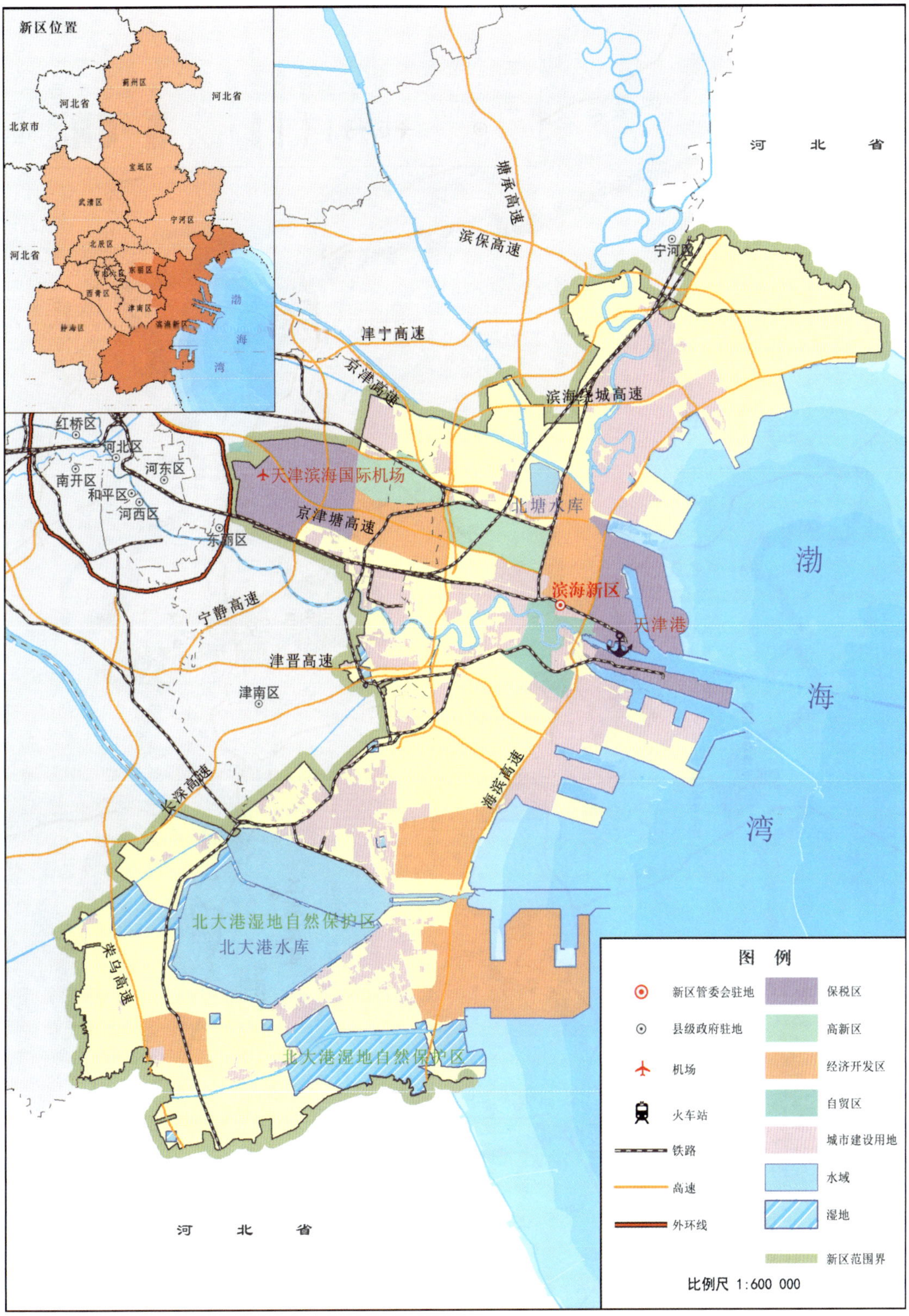
新区位置
河北省
北京市
蓟州区
宝坻区
武清区
宁河区
北辰区
东丽区
西青区
津南区
静海区
滨海新区
渤
海
湾
河北省
塘承高速
滨保高速
宁河区
津宁高速
京津高速
滨海绕城高速
红桥区
河北区
河东区
南开区
和平区
河西区
东丽区
天津滨海国际机场
京津塘高速
北塘水库
滨海新区
天津港
宁静高速
津晋高速
津南区
长深高速
海滨高速
北大港湿地自然保护区
北大港水库
荣乌高速
北大港湿地自然保护区
河北省
图例
新区管委会驻地
县级政府驻地
机场
火车站
铁路
高速
外环线
保税区
高新区
经济开发区
自贸区
城市建设用地
水域
湿地
新区范围界
比例尺 1:600 000

图5-3 天津滨海新区

图例
新区管委会驻地
区县驻地
乡镇街道驻地
机场
火车站
港口
铁路
高速路
快速路
新区范围界
区县界
城市建设用地
两江新区直管区
保税区
自然保护区
风景名胜区
森林公园
湿地公园
比例尺 1:290 000
新区位置
北碚区
渝北区
江北区
两江新区
渝北区
江北区
渝中区
沙坪坝区
江北国际机场
重庆北站
重庆站
复盛站
果园港
寸滩港
两路寸滩保税港区空港
两路寸滩保税港区水港
江北嘴中央商务区
复盛片区
鱼嘴片区
水土片区
悦来新城
原北部新区
玉峰山森林公园
铁山坪森林公园
平滩森林公园
张关—白岩风景名胜区
缙云山风景名胜区
观音峡国家森林公园
小三峡自然保护区
茅莱山森林公园
茅莱山自然保护区
九曲河湿地公园
照母山森林公园
鸿恩寺森林公园
渝利铁路
渝万铁路
渝怀铁路
渝遂铁路
襄渝铁路
绕城高速
包茂高速
沪渝南线高速
沪渝高速
兰海高速
渝遂高速
银昆高速
内环快速路
石船镇
龙兴镇
复盛镇
鱼嘴镇
古路镇
木耳镇
王家街道
双凤桥街道
两路街道
双龙湖街道
仙桃街道
回兴街道
宝圣湖街道
玉峰山镇
铁山坪街道
郭家沱街道
人和街道
金山街道
翠云街道
鸳鸯街道
大竹林街道
礼嘉街道
康美街道
蔡家岗街道
施家梁镇
水土镇
复兴镇
悦来街道
五宝镇
广阳镇
木洞镇
峡口镇
南山街道
铜元局街道
渝州路街道
歌乐山街道
中梁山镇
回龙坝镇
天府镇
静观镇
三圣镇
兴隆镇
统景镇
大盛镇
长江
嘉陵江

图5-4 重庆两江新区

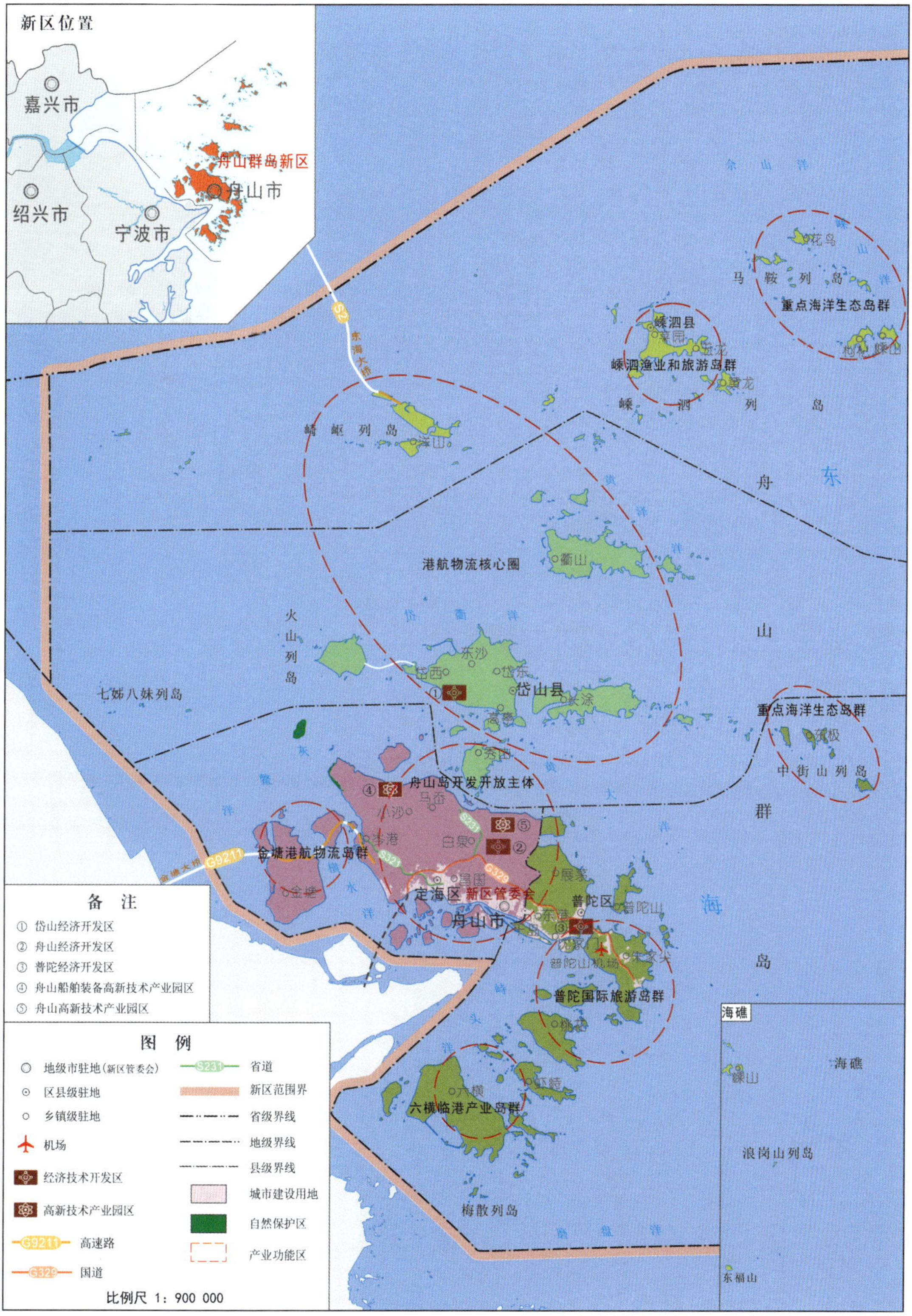

图5-5 浙江舟山群岛新区

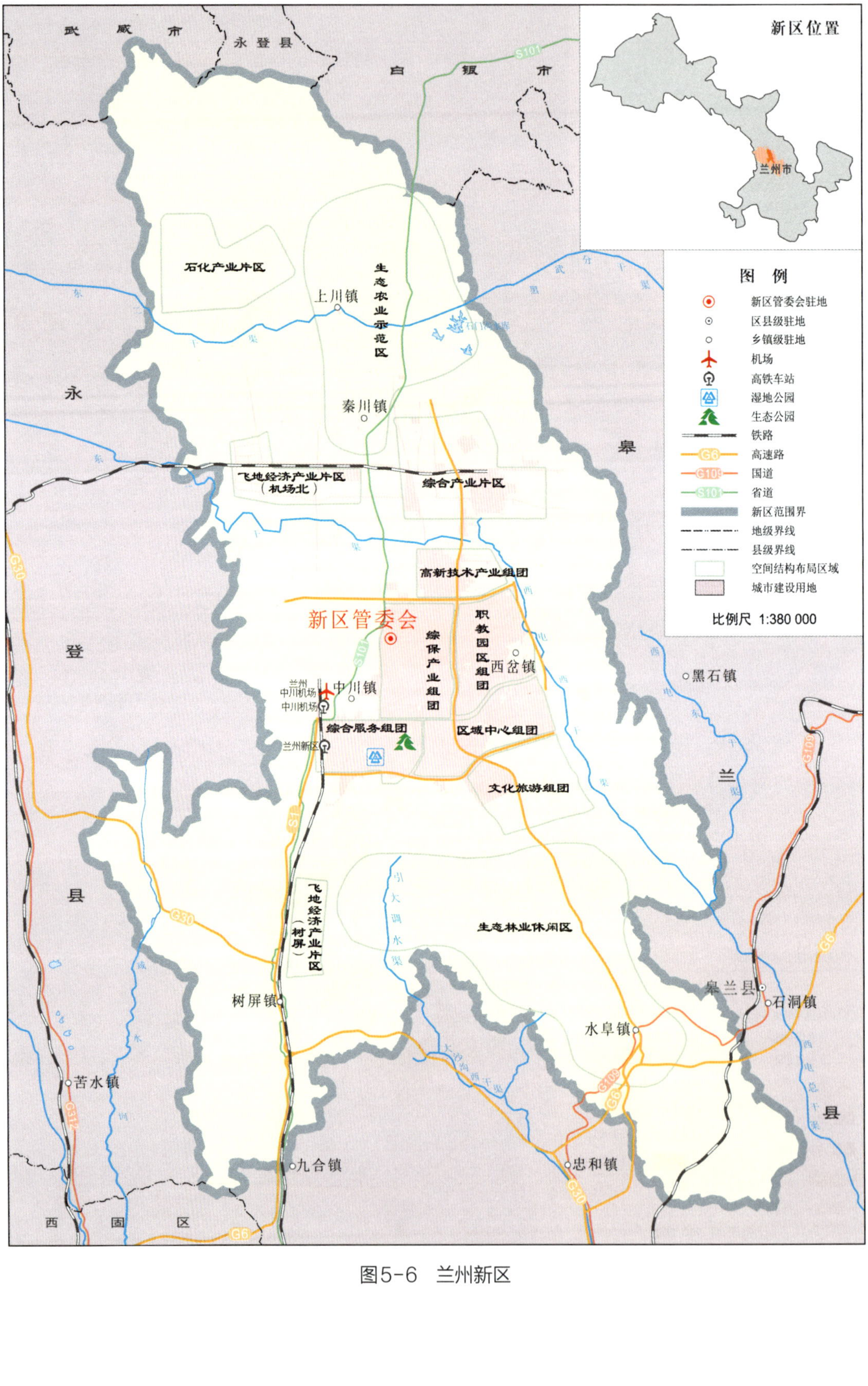

新区位置
兰州市
图 例
新区管委会驻地
区县级驻地
乡镇级驻地
机场
高铁车站
湿地公园
生态公园
铁路
高速路
国道
省道
新区范围界
地级界线
县级界线
空间结构布局区域
城市建设用地
比例尺 1:380 000
武威市
永登县
白银市
石化产业片区
生态农业示范区
上川镇
秦川镇
飞地经济产业片区（机场北）
综合产业片区
高新技术产业组团
新区管委会
综保产业组团
职教园区组团
西岔镇
中川镇
兰州中川机场
中川机场
综合服务组团
区域中心组团
兰州新区
文化旅游组团
飞地经济产业片区（树屏）
生态林业休闲区
引大调水渠
树屏镇
水阜镇
皋兰县
石洞镇
黑石镇
苦水镇
九合镇
忠和镇
永登县
皋兰县
西固区

图5-6 兰州新区

番禺区
东莞市
佛山市
中山市
东涌镇
榄核镇
大岗镇
黄阁镇
南沙新区
南沙街道
横沥镇
万顷沙镇
珠江街道
龙穴街道
南沙港快速路
S362
G325
S257
S302
S364
G105
G4
①
②
③
④
⑤
⑥
⑦
⑧
⑨
⑩
新区位置
广州市
图例
地级市政府驻地
镇级政府驻地
新区驻地
长途汽车站
港口
城市快速路
铁路
高速公路
国道
省道
新区范围界
森林公园
自贸区
开发区
建成区
比例尺 1:330 000
备注
① 庆盛枢纽区块
② 海港区块之沙仔岛作业区
③ 蕉门河中心区区块
④ 明珠湾起步区区块（二）
⑤ 明珠湾起步区区块
⑥ 明珠湾起步区区块（三）
⑦ 南沙湾区块
⑧ 南沙枢纽区块
⑨ 万顷沙保税港加工制造业区块
⑩ 海港区块之龙穴岛作业区

图5-7　广州南沙新区

泾阳县
礼泉县
三原县
高陵区
咸阳市
兴平市
周至县
鄠邑区
长安区
西安市
泾河新城
泾阳县
百顷沟水库
西安咸阳国际机场
空港新城
秦汉新城
萧家村站
西安枢纽北环线
大西客运专线
郑西客运专线
西安北站
渭城区
咸阳站
咸阳市
(秦都区)
秦都站
新区管委会
沣东新城
三桥站
三民村站
汉城湖
未央区
西安西站
西安站
新城区
莲湖区
碑林区
雁塔区
沣西新城
阿房宫站
兴平站
西宝客运专线
陇海线
咸铜线
西平线
西成客运专线
西户线
渭河
泾河
沣河
新河
涝河
未央湖
G30N
G70
G312
G211
S208
S28
S105
G65
G65W
G5
G3001
G30
G310
新区位置
咸阳市
西安市
图例
省会城市驻地
地级市驻地
新区政府驻地
区县级驻地
新区管委会驻地
自然文化遗产
风景名胜区
森林公园
生态公园
机场
高铁及车站
铁路及车站
高速路及编码
国道及编码
省道及编码
地级界线
县级界线
新城界线
新区范围界
河流
城市建设用地
比例尺 1：322 500
备注
① 阿房宫遗址
② 茂陵
③ 汉阳陵博物苑
④ 沣东现代都市农业博览园
⑤ 张裕瑞那城堡酒庄
⑥ 乐华欢乐世界
⑦ 阳光城·滨河公园
⑧ 沣河森林公园
⑨ 沣东·沣河生态景区
⑩ 昆明池·七夕公园

图5-8 陕西西咸新区

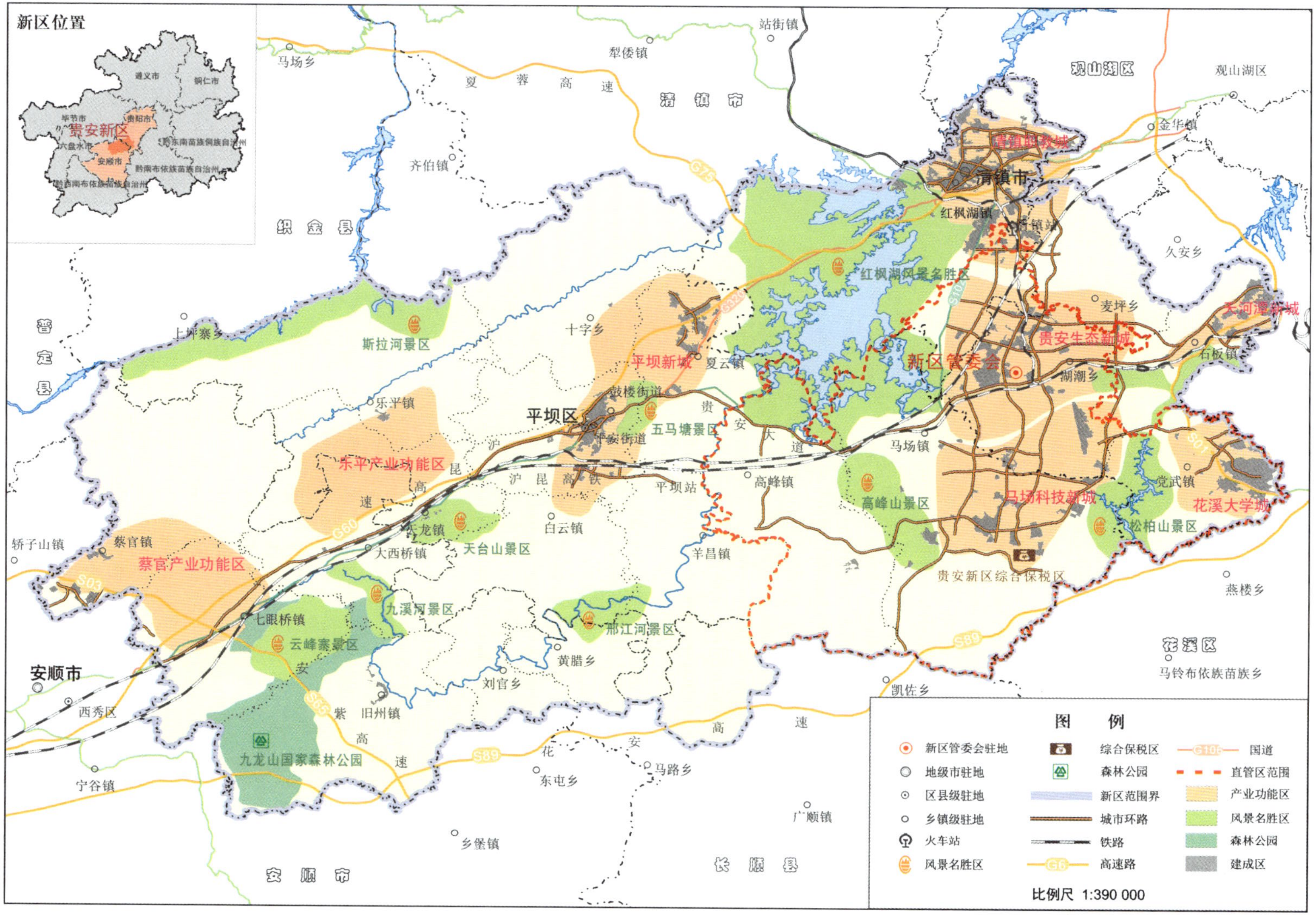
新区位置
遵义市
铜仁市
毕节市
贵阳市
贵安新区
六盘水市
安顺市
黔东南苗族侗族自治州
黔南布依族苗族自治州
黔西南布依族苗族自治州
清镇市
观山湖区
清镇职教城
红枫湖镇
红枫湖风景名胜区
贵安生态新城
新区管委会
马场科技新城
花溪大学城
天河潭新城
平坝新城
平坝区
东平产业功能区
蔡官产业功能区
斯拉河景区
五马塘景区
高峰山景区
松柏山景区
天台山景区
九溪河景区
邢江河景区
云峰寨景区
九龙山国家森林公园
贵安新区综合保税区
织金县
普定县
安顺市
长顺县
花溪区
马铃布依族苗族乡
站街镇
犁倭镇
马场乡
齐伯镇
上坪寨乡
十字乡
夏云镇
鼓楼街道
安街道
乐平镇
白云镇
羊昌镇
高峰镇
马场镇
湖潮乡
麦坪乡
石板镇
党武镇
燕楼乡
久安乡
金华镇
凯佐乡
广顺镇
马路乡
东屯乡
乡堡镇
宁谷镇
西秀区
轿子山镇
蔡官镇
七眼桥镇
大西桥镇
天龙镇
旧州镇
刘官乡
黄腊乡
平坝站
图例
新区管委会驻地
地级市驻地
区县级驻地
乡镇级驻地
火车站
风景名胜区
综合保税区
森林公园
新区范围界
城市环路
铁路
高速路
国道
直管区范围
产业功能区
风景名胜区
森林公园
建成区
比例尺 1:390 000

图5-9 贵州贵安新区

图5-10 青岛西海岸新区

新区位置
铁岭市
阜新市
沈阳市
抚顺市
朝阳市
锦州市
辽阳市
本溪市
盘锦市
葫芦岛市
营口市
鞍山市
丹东市
大连市
金普新区
瓦 房 店 市
普 兰 店 市
瓦长线
炮台街道
辽宁瓦房店
炮台经济开发区
复州湾站
复州湾街道
皮 长 高 速 公 路
铁西街道
丰荣街道
普兰店火车站
太平街道
南山街道
辽宁普兰店
经济开发区
沈 大 线
二龙山国家森林公园
石河街道
石河站
普湾站
三十里堡街道
三十里堡车站
沈大高速铁路
七顶山街道
向应街道
华家街道
杏树街道
杏树屯站
登沙河街道
亮甲店街道
亮甲店火车站
登沙河火车站
大魏家街道
金 州 保 税 区
二十里堡街道
丹大快速铁路
广宁寺站
大李家街道
得胜街道
金 州 开 发 区
金州湾国际机场（在建）
友谊街道
拥政街道
中长街道
大连大赫山
国家森林公园
光明街道
金州站
先进街道
董家沟街道
金石滩街道
大连金石滩
国家旅游度假区
大连滨海
国家地质公园
金普新区管委会
甘 井 子 区
海青岛街道
辽宁自贸区大连片区
大孤山街道
大连大赫山
国家森林公园
新港街道
大连大赫山
国家森林公园
大连周水子国际机场
沙 河 口 区
大连市
西 岗 区
中 山 区
图 例
新区管委会驻地
地级市政府驻地
街道办事处驻地
机场
地质公园
海岸线
新区范围界
县级界线
铁路及车站
高速公路
国道
快速轨道
森林公园
开发区
保税区
自贸区
比例尺 1:450 000

图5-11 大连金普新区

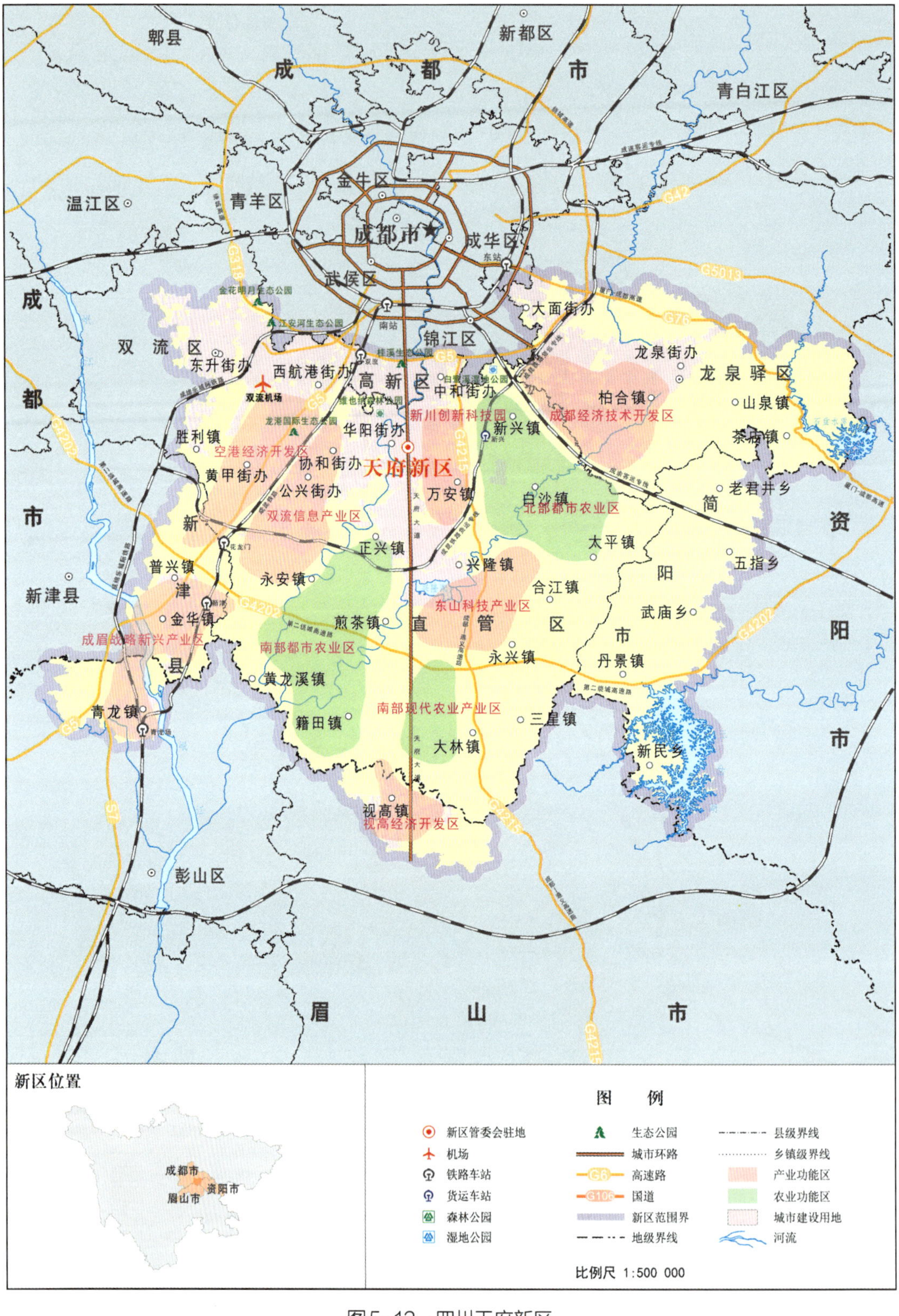
郫县
新都区
成 都 市
青白江区
金牛区
温江区
青羊区
成都市
成华区
东站
武侯区
金花明月生态公园
江安河生态公园
南站
锦江区
大面街办
双 流 区
东升街办
西航港街办
高 新 区
龙泉街办
龙 泉 驿 区
双流机场
桂溪生态公园
维也纳森林公园
中和街办
柏合镇
山泉镇
新川创新科技园
成都经济技术开发区
龙港国际生态公园
华阳街办
新兴镇
茶店镇
胜利镇
空港经济开发区
协和街办
天府新区
黄甲街办
公兴街办
万安镇
白沙镇
老君井乡
双流信息产业区
北部都市农业区
简
新
正兴镇
太平镇
资
普兴镇
兴隆镇
阳
五指乡
永安镇
合江镇
新津县
津
东山科技产业区
武庙乡
金华镇
煎茶镇
直
管
区
市
阳
成眉战略新兴产业区
南部都市农业区
永兴镇
丹景镇
县
黄龙溪镇
青龙镇
南部现代农业产业区
三星镇
籍田镇
大林镇
新民乡
市
视高镇
视高经济开发区
彭山区
眉 山 市
成
都
市
新区位置
成都市
资阳市
眉山市
图 例
新区管委会驻地
机场
铁路车站
货运车站
森林公园
湿地公园
生态公园
城市环路
高速路
国道
新区范围界
地级界线
县级界线
乡镇级界线
产业功能区
农业功能区
城市建设用地
河流
比例尺 1:500 000

图5-12 四川天府新区

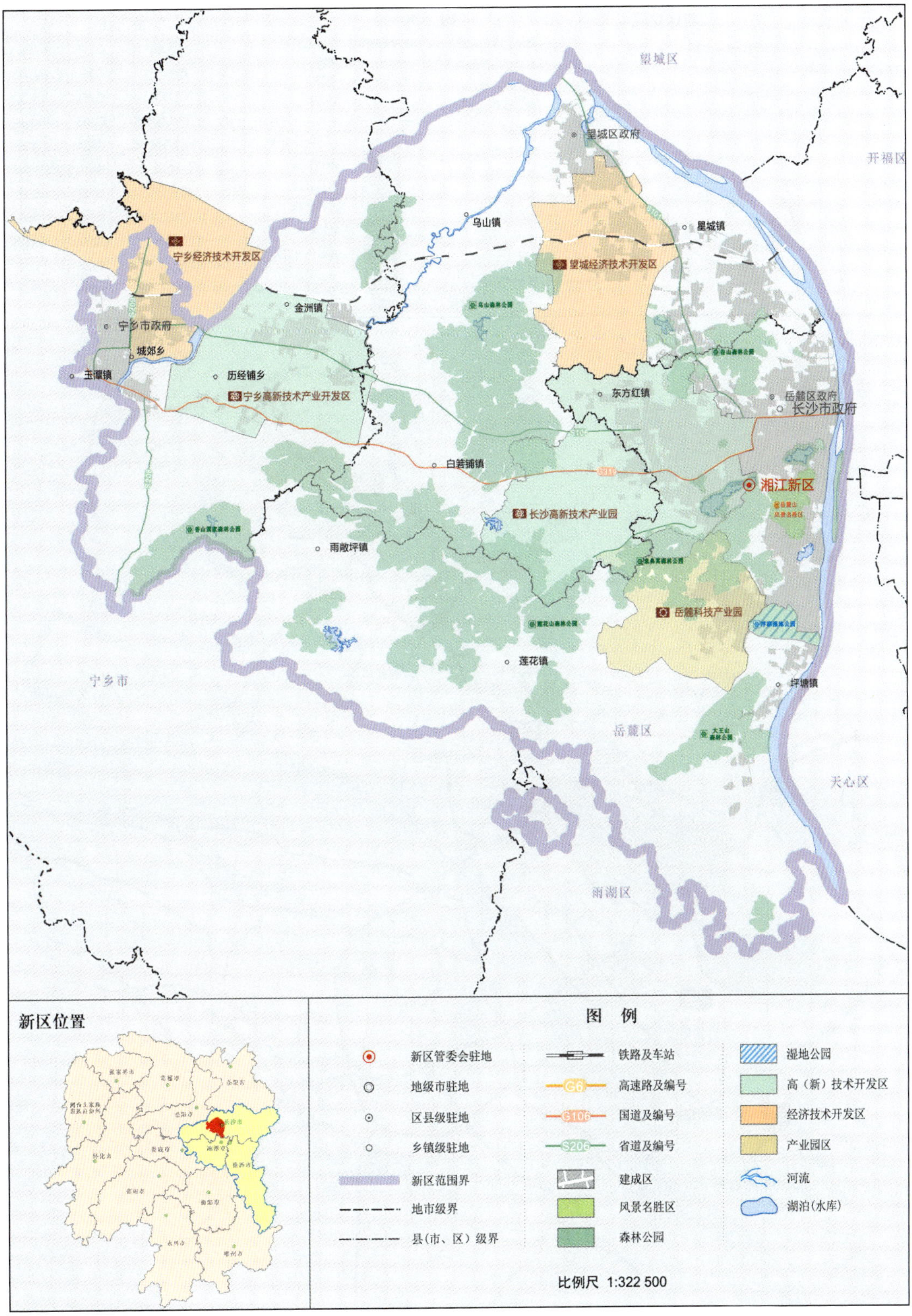
望城区
开福区
望城区政府
乌山镇
星城镇
宁乡经济技术开发区
望城经济技术开发区
金洲镇
宁乡市政府
城郊乡
玉潭镇
历经铺乡
宁乡高新技术产业开发区
东方红镇
岳麓区政府
长沙市政府
白箬铺镇
湘江新区
长沙高新技术产业园
雨敞坪镇
岳麓科技产业园
莲花镇
坪塘镇
宁乡市
岳麓区
天心区
雨湖区
新区位置
图 例
新区管委会驻地
地级市驻地
区县级驻地
乡镇级驻地
新区范围界
地市级界
县(市、区)级界
铁路及车站
G6 高速路及编号
G106 国道及编号
S206 省道及编号
建成区
风景名胜区
森林公园
湿地公园
高（新）技术开发区
经济技术开发区
产业园区
河流
湖泊(水库)
比例尺 1:322 500

图5-13 湖南湘江新区

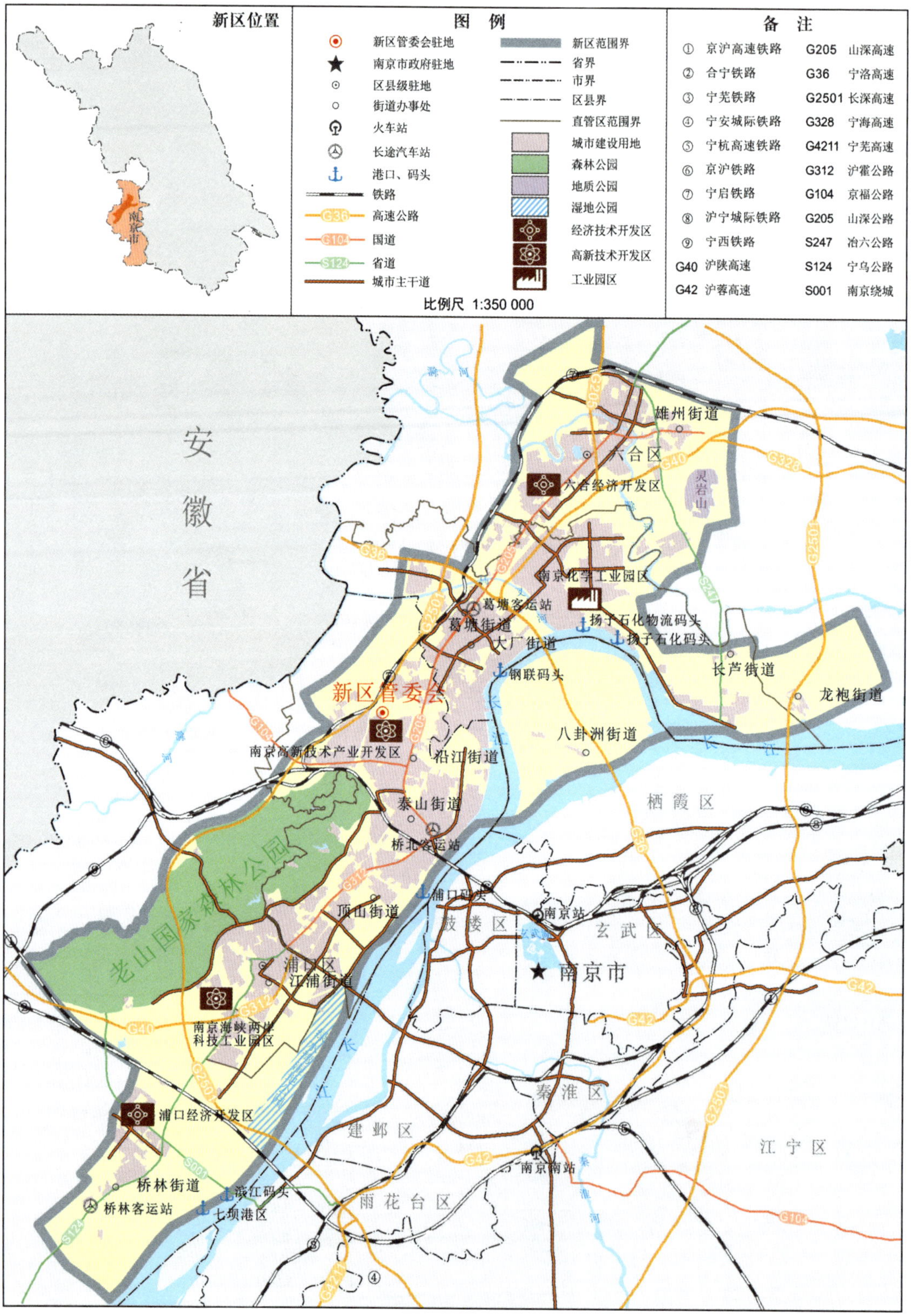
新区位置
南京市
图 例
新区管委会驻地
南京市政府驻地
区县级驻地
街道办事处
火车站
长途汽车站
港口、码头
铁路
高速公路
国道
省道
城市主干道
新区范围界
省界
市界
区县界
直管区范围界
城市建设用地
森林公园
地质公园
湿地公园
经济技术开发区
高新技术开发区
工业园区
比例尺 1:350 000
备 注
① 京沪高速铁路
② 合宁铁路
③ 宁芜铁路
④ 宁安城际铁路
⑤ 宁杭高速铁路
⑥ 京沪铁路
⑦ 宁启铁路
⑧ 沪宁城际铁路
⑨ 宁西铁路
G40 沪陕高速
G42 沪蓉高速
G205 山深高速
G36 宁洛高速
G2501 长深高速
G328 宁海高速
G4211 宁芜高速
G312 沪霍公路
G104 京福公路
G205 山深公路
S247 冶六公路
S124 宁乌公路
S001 南京绕城
安徽省
雄州街道
六合区
六合经济开发区
灵岩山
南京化学工业园区
葛塘客运站
葛塘街道
大厂街道
扬子石化物流码头
扬子石化码头
钢联码头
长芦街道
龙袍街道
新区管委会
南京高新技术产业开发区
沿江街道
八卦洲街道
泰山街道
桥北客运站
栖霞区
老山国家森林公园
浦口码头
顶山街道
南京站
鼓楼区
玄武区
南京市
浦口区
江浦街道
南京海峡两岸科技工业园区
秦淮区
浦口经济开发区
建邺区
江宁区
南京南站
桥林街道
桥林客运站
滨江码头
七坝港区
雨花台区
长江

图5-14 南京江北新区

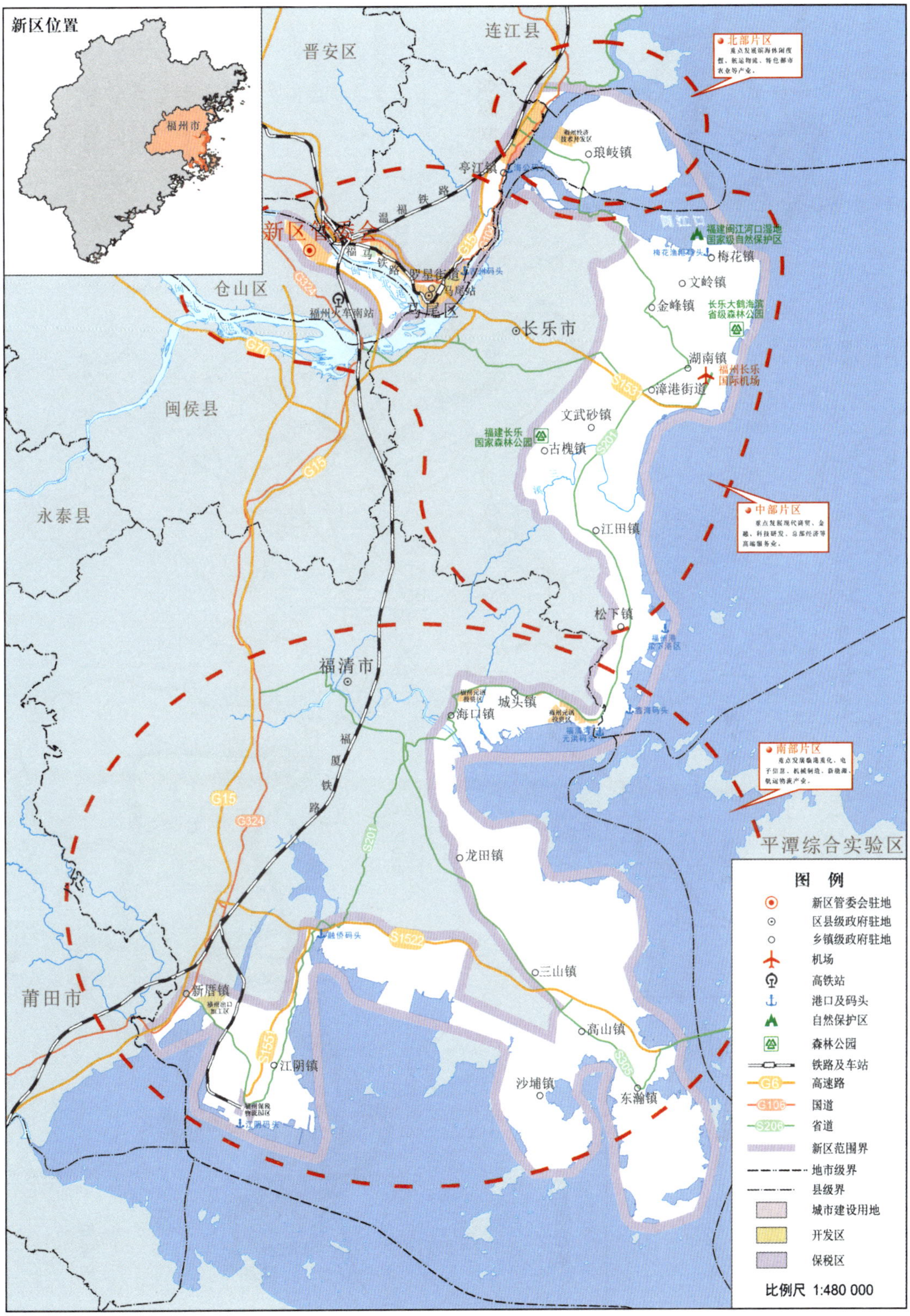

新区位置
福州市
连江县
晋安区
北部片区
新区管委会
仓山区
马尾区
长乐市
闽侯县
永泰县
福清市
中部片区
南部片区
平潭综合实验区
莆田市
琅岐镇
亭江镇
罗星街道
福州火车南站
马尾站
梅花镇
文岭镇
金峰镇
湖南镇
漳港街道
文武砂镇
古槐镇
江田镇
松下镇
城头镇
海口镇
龙田镇
三山镇
高山镇
沙埔镇
东瀚镇
江阴镇
新厝镇
福建闽江河口湿地国家级自然保护区
长乐大鹤海滨省级森林公园
福州长乐国际机场
福建长乐国家森林公园
温福铁路
福马铁路
福厦铁路
G15
G70
G324
S201
S203
S153
S155
S1522
图例
新区管委会驻地
区县级政府驻地
乡镇级政府驻地
机场
高铁站
港口及码头
自然保护区
森林公园
铁路及车站
高速路
国道
省道
新区范围界
地市级界
县级界
城市建设用地
开发区
保税区
比例尺 1:480 000

图5-15 福州新区

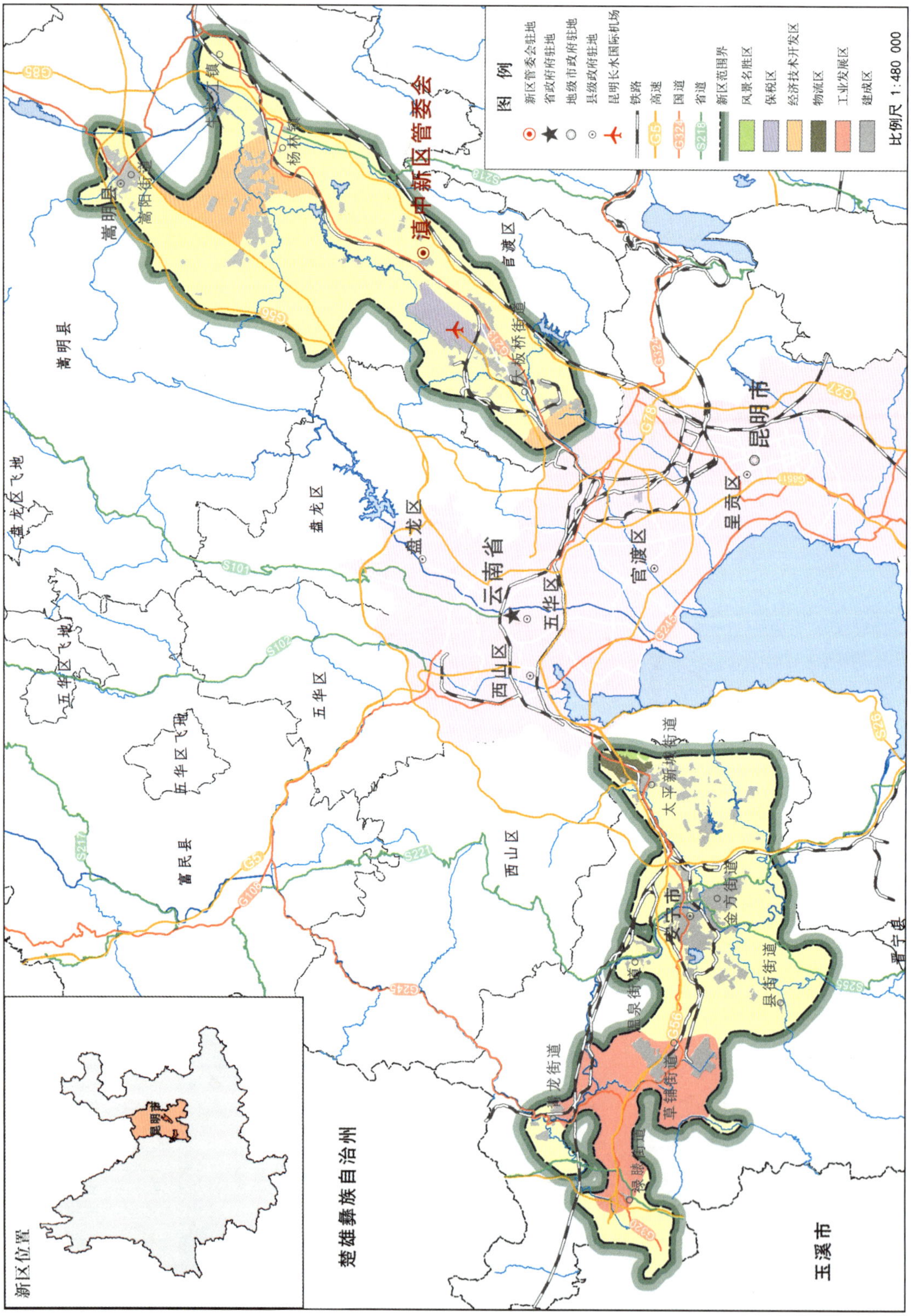
图例
新区管委会驻地
省政府驻地
地级市政府驻地
县级政府驻地
昆明长水国际机场
铁路
高速
国道
省道
新区范围界
风景名胜区
保税区
经济技术开发区
物流区
工业发展区
建成区
比例尺 1:480 000
滇中新区管委会
昆明市
云南省
嵩明县
官渡区
呈贡区
五华区
西山区
盘龙区
安宁市
富民县
楚雄彝族自治州
玉溪市
新区位置

图5-16 云南滇中新区

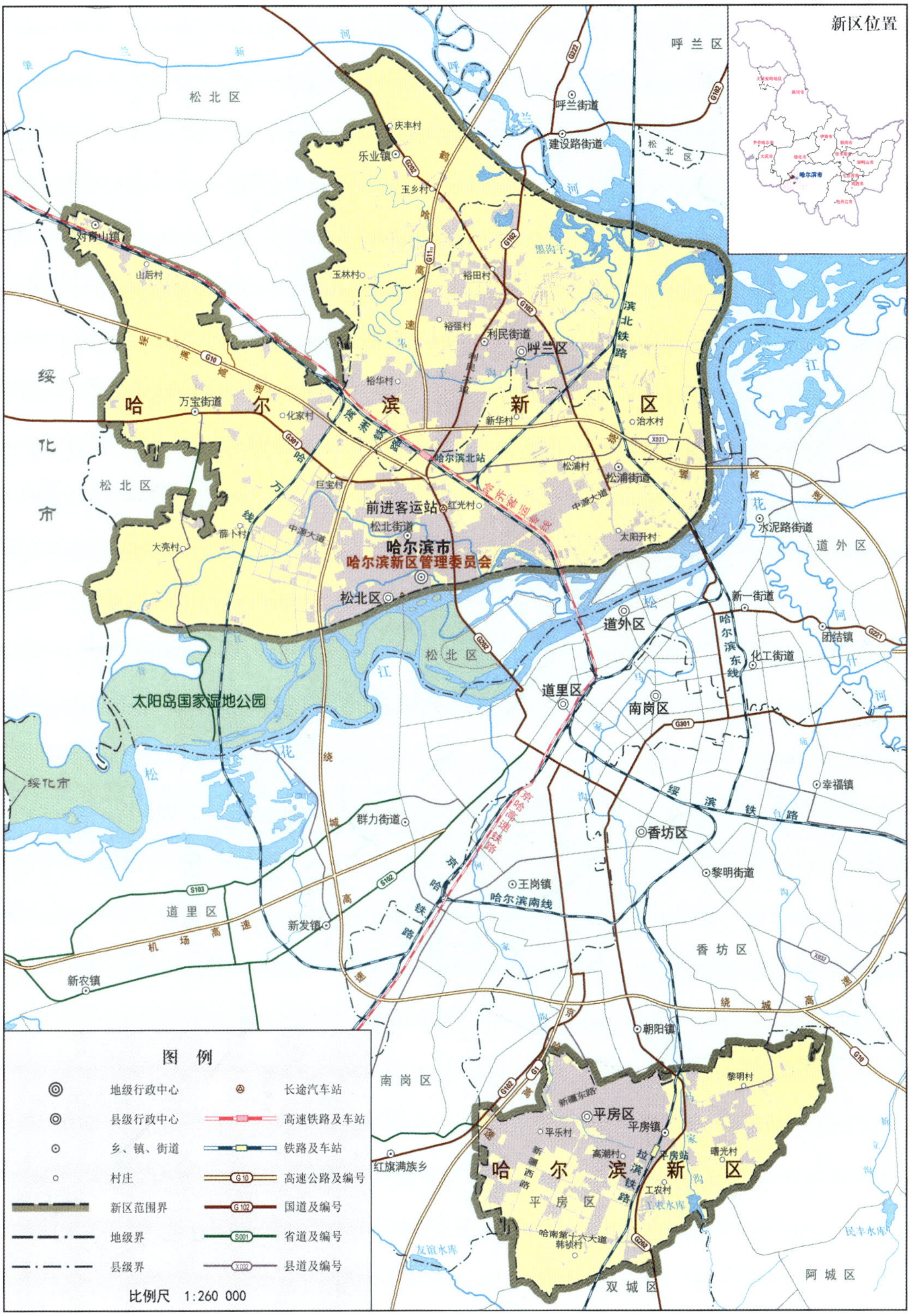
新区位置
哈尔滨市
呼兰区
松北区
呼兰街道
建设路街道
庆丰村
乐业镇
玉乡村
对青山镇
山后村
玉林村
裕田村
裕强村
利民街道
呼兰区
裕华村
哈
尔
滨
新
区
万宝街道
化家村
治水村
哈尔滨北站
松浦村
松浦街道
巨宝村
前进客运站
红光村
松北街道
大亮村
太阳升村
哈尔滨市
哈尔滨新区管理委员会
松北区
水泥路街道
道外区
新一街道
道外区
团结镇
化工街道
哈尔滨东线
滨北铁路
松北区
太阳岛国家湿地公园
道里区
南岗区
绥化市
绥化市
群力街道
幸福镇
绥滨铁路
香坊区
黎明街道
王岗镇
哈尔滨南线
道里区
新发镇
机场高速
香坊区
新农镇
绕城高速
朝阳镇
南岗区
黎明村
平房区
平房镇
平乐村
高潮村
平房站
曙光村
红旗满族乡
哈
尔
滨
新
区
平房区
工农村
王农水库
友谊水库
哈南第十六大道
韩祯村
双城区
阿城区
民丰水库
图 例
地级行政中心
长途汽车站
县级行政中心
高速铁路及车站
乡、镇、街道
铁路及车站
村庄
高速公路及编号
新区范围界
国道及编号
地级界
省道及编号
县级界
县道及编号
比例尺 1:260 000

图5-17 哈尔滨新区

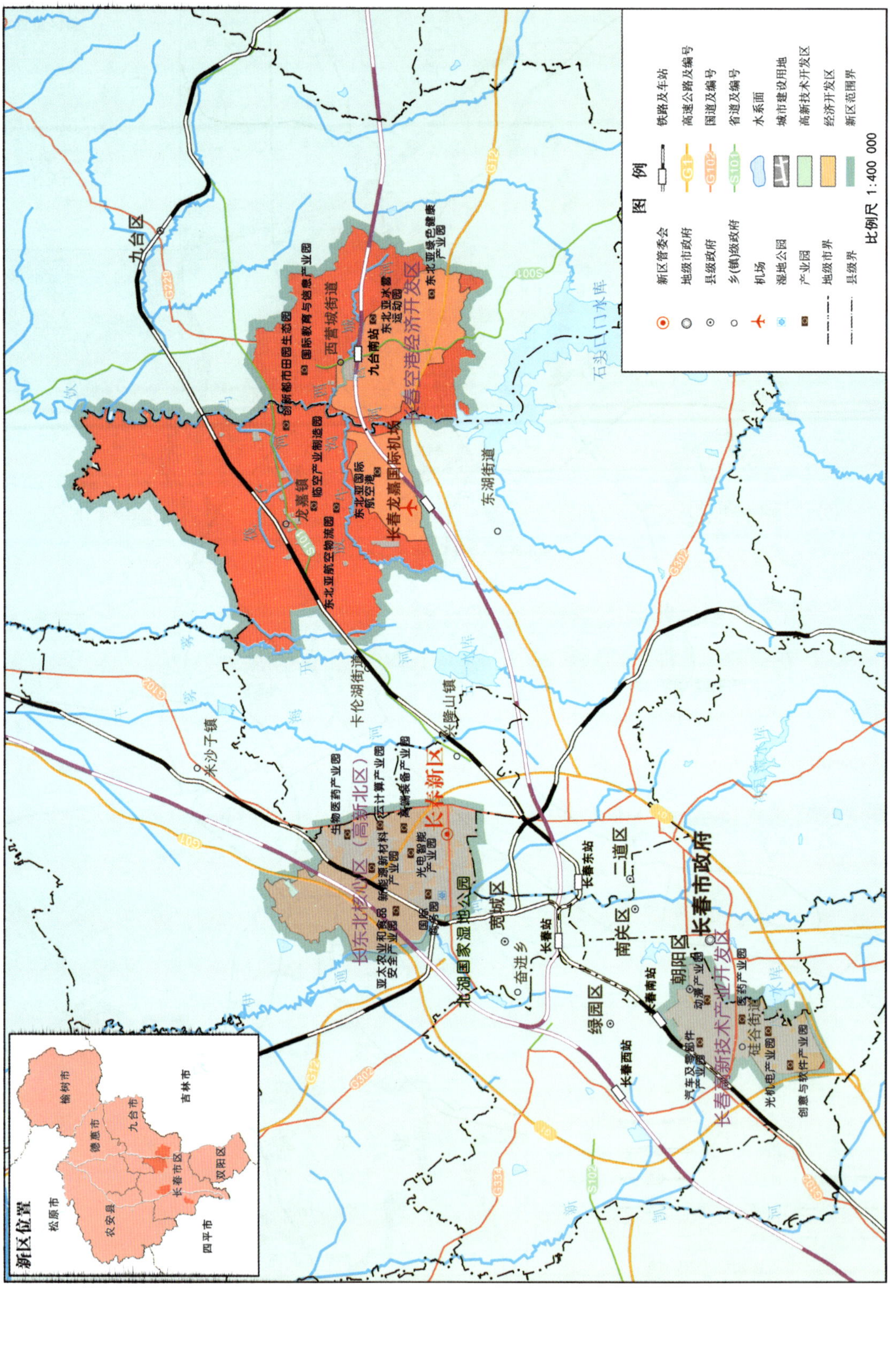
图例
新区管委会
地级市政府
县级政府
乡(镇)级政府
机场
湿地公园
产业园
地级市界
县级界
铁路及车站
高速公路及编号
国道及编号
省道及编号
水系面
城市建设用地
高新技术开发区
经济开发区
新区范围界
比例尺 1:400 000
九台区
西营城街道
九台南站
长春空港经济开发区
长春龙嘉国际机场
龙嘉镇
东湖街道
石头口门水库
卡伦湖街道
米沙子镇
兴隆山镇
东北亚航空物流园
临空产业园
临空产业制造园
东北亚国际航空港
新都市田园生态园
国际教育与信息产业园
东北亚冰雪运动园
东北亚绿色健康产业园
长东北核心区（高新北区）
长春新区
生物医药产业园
云计算产业园
高端装备产业园
新能源新材料产业园
光电智能产业园
亚太农业和食品安全产业园
国际商务园
北湖国家湿地公园
宽城区
奋进乡
长春站
长春东站
二道区
南关区
长春市政府
朝阳区
绿园区
长春南站
长春西站
长春高新技术产业开发区
硅谷街道
汽车及零部件产业园
动漫产业园
医药产业园
光机电产业园
创意与软件产业园
新区位置
松原市
榆树市
德惠市
九台区
吉林市
长春市区
农安县
双阳区
四平市

图5-18 长春新区

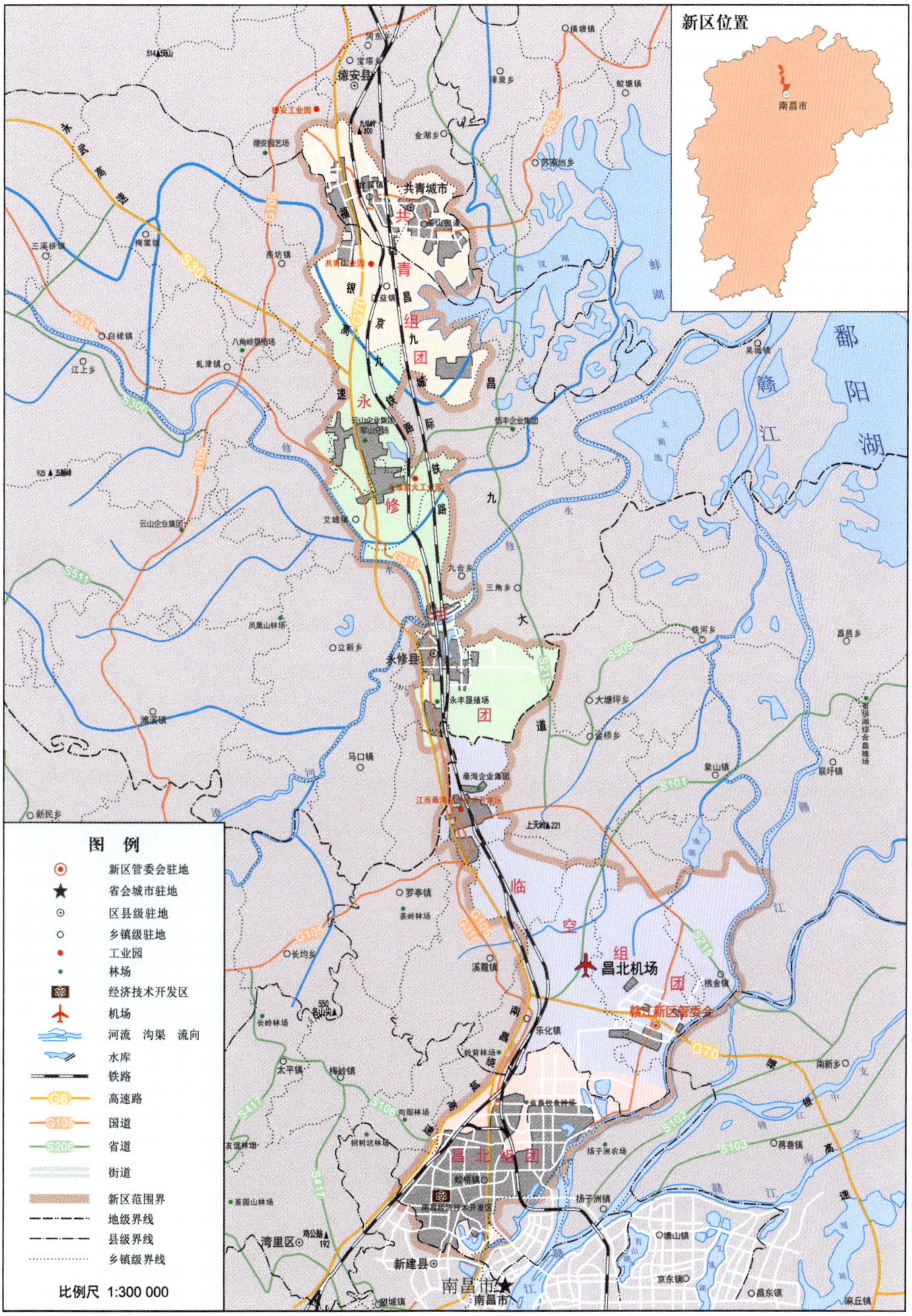

新区位置
南昌市
德安县
德安工业园
共青城市
共青工业园
共
青
组
团
永
修
组
团
临
空
组
团
昌北组团
永修县
永修星火工业园
江西桑海经济技术开发区
昌北机场
赣江新区管委会
南昌经济技术开发区
新建县
湾里区
南昌市
鄱
阳
湖
赣
江
修
水
昌银高速
京九铁路
昌九城际铁路
昌九大道
永武高速
南昌绕城高速
宝塔乡
泽泉乡
蛟塘镇
金湖乡
苏家垱乡
三溪桥镇
梅棠镇
燕坊镇
白槎镇
江上乡
虬津镇
八角岭垦殖场
云山企业集团
艾城镇
九合乡
三角乡
凤凰山林场
立新乡
永丰垦殖场
滩溪镇
大塘坪乡
金桥乡
马口镇
桑海企业集团
象山镇
联圩镇
新民乡
铁河乡
罗亭镇
长均乡
溪霞镇
樵舍镇
乐化镇
长岭林场
太平镇
梅岭镇
南新乡
蒋巷镇
扬子洲镇
塘山镇
京东镇
昌东镇
麻丘镇
望城镇
上天峰 221
G105
G316
G70
S30
S306
S511
S215
S509
S101
S102
S103
S417
S106
图例
新区管委会驻地
省会城市驻地
区县级驻地
乡镇级驻地
工业园
林场
经济技术开发区
机场
河流 沟渠 流向
水库
铁路
高速路
国道
省道
街道
新区范围界
地级界线
县级界线
乡镇级界线
比例尺 1:300 000

图5-19 江西赣江新区